こどもさんびか
改訂版略解

日本基督教団讃美歌委員会 ［編］

日本キリスト教団出版局

はじめに

　『こどもさんびか改訂版』を出版して13年がたちました。1966年に出版された『こどもさんびか』(1〜84番)と1983年の『こどもさんびか2』(85〜143番)を合本としたのが1987年。それらを土台として、日本や世界の新しい歌を加え、『讃美歌21』の中からこどもの歌える賛美歌を取り入れて、2002年クリスマスに『こどもさんびか改訂版』を出版しました。

　『こどもさんびか改訂版』は、出版当初から全国の教会学校・日曜学校、こどもの教会、幼稚園、保育園、こども園などで、広く受け入れられ用いられてきました。また多くの講習会などを通して、新しい歌を共に歌い、それぞれの現場へと持ち帰っていただきました。それらの中で、『こどもさんびか改訂版』の各収録賛美歌について簡潔に説明する解説書がほしいという要望が高まってきました。そうした要望に応えるために、本書は準備され、出版の運びとなりました。

　本書は、一つ一つの賛美歌や項目について、各時代の賛美歌学の研究成果を踏まえて、収録曲の来歴についてなるべく正確な情報を提供したいと願い、企画・編集しています。

　『こどもさんびか改訂版』本編に収録されている各賛美歌には、番号の横に名前をつけています。それらはすべて賛美歌の「歌い出し」の初行を用いています。また頁の下部には「▶」のマークをつけ、その賛美歌のカテゴリーを記しています。その下に作詞者名と作曲者名を記し、テンポ記号を記載しています。本編の最後には著作権一覧も載せています。

　このように歌集本編だけでもたくさんの情報が記載されていますが、本書ではさらにその作詞者・作曲者を詳述し、その賛美歌への理解を深めていただけるような情報を収録しています。本書を通して、一つ一つの賛美歌についての理解がより深められ、それぞれの現場で、神さまを賛美する声がさらに広がり、高められていくことを心から願っています。

2015年5月
日本基督教団讃美歌委員会

この本の特徴と用いかた

1. 本書の目的

　『こどもさんびか改訂版略解』は『こどもさんびか改訂版』の各収録賛美歌について簡潔に説明する解説書です。

　諸外国の賛美歌集の多くには、その歌集の目的や収録賛美歌の来歴、用途などを解説したハンドブックがあり、一般にCompanionと呼ばれています。日本の賛美歌集で本格的な解説書が出版されたのは『讃美歌』(1954)が最初で、以後『讃美歌第二編』(1967)、『讃美歌21』についてそれぞれ略解が出版されています。こどものための賛美歌集については、『こどもさんびか』(1953)、『こどもさんびか1, 2』(1966, 1983、合本1987)はごく簡単なガイド、『こどもさんびか改訂版』は主に実践的な内容が紹介された『みんなで歌おう　こどもさんびか改訂版ガイド』(2005)が出版されていますが、個々の賛美歌についての本格的な解説書は本書が初めての試みです。

　『こどもさんびか改訂版』には、主に幼児〜小学生を対象として作詞・作曲された賛美歌のみならず、年齢にとらわれずに多くの人々に歌われている賛美歌が数多く収録されています。そして、これまでのアメリカやドイツなど欧米の賛美歌に加え、アジア、アフリカ、南アメリカの賛美歌が翻訳されて収録されています。それぞれの賛美歌の背景を知り、新しい用いかたを模索して、礼拝の可能性を広げていっていただきたいと願っています。

　なお、『讃美歌21』と重複している賛美歌のうち執筆者および関係者の許可を得られたものについては、基本的に『讃美歌21略解』(1998)の内容を転載しました。ただし、その後の研究によって新たに判明した内容がある場合には修正を加えています。

2. 表記について

　本書では、各賛美歌の見出しに『こどもさんびか改訂版』における収録番号、歌い出し、曲名を記しています。本文中に太字で記した人名は作詞者、作曲者名です。斜体で記された欧文は、賛美歌集などの書名です。また、各記事の終わりに執筆者のイニシャルを記しています(執筆者については145頁

の「執筆者」を参照)。

3. 歌詞の情報について
　『こどもさんびか改訂版』では各賛美歌の「歌い出し」(日本語歌詞の初行)がその賛美歌の表題として記されています。これは、それぞれの賛美歌の「歌詞」を特定する情報です。歌集本体には原歌詞の情報がありませんでしたので、本書136頁に「原歌詞初行一覧」、137頁に言語別アルファベット順の「原歌詞初行索引」を収録しています。

4. 曲の情報について
　賛美歌は歌詞と曲が必ずしも1対1で結びついているものではなく、複数の歌詞がひとつの曲で歌われたり、逆にひとつの歌詞が複数の曲で歌われたりします。そこで、それぞれの歌詞をどの曲で歌うかを示すために、「曲」を特定する情報として曲名(チューンネーム Tune name)を表示する習慣があります。歌集本体には曲名の情報がありませんでしたので、本書では各賛美歌の見出しにアルファベットの大文字で記しました。また、138頁にアルファベット順の「曲名(Tune name)索引」を収録しています。
　曲名はその曲を基にした奏楽曲や伴奏曲を探す時に役立つ情報です。例えば、23番「あのよる　しゅイェスが」の曲による奏楽曲・伴奏曲を弾きたい場合には、KINGSFOLDによる奏楽曲・伴奏曲を探します。『讃美歌21』304番「茨の冠を主にかぶせて」と432番「重荷を負う者」の曲名がKINGSFOLDなので、これらのために書かれた奏楽曲・伴奏曲を用いることができます。
　なお、曲名のついていない賛美歌曲については、丁寧な話し合いを行って曲名を決定する必要がありますので、本書では記載を見送りました。

5. 資料について

　本書を編集するにあたって、下記の資料を使用しました。『讃美歌21略解』からの転載記事については、『讃美歌21略解』11頁以下をご参照ください。

◇賛美歌集略解・解説書
『讃美歌略解　歌詞の部』由木康著、讃美歌委員会編（日本基督教団出版局，1954）
『讃美歌略解　曲の部』小泉功著、讃美歌委員会編（日本基督教団出版局，1955）
『讃美歌第二編略解』原惠著、讃美歌委員会編（日本基督教団出版局，1974）
『こどもさんびかガイド』讃美歌委員会編（日本基督教団出版局，1985）
『讃美歌21略解』日本基督教団讃美歌委員会編（日本キリスト教団出版局，1998，第4版［2012］）
『みんなで歌おう　こどもさんびか改訂版ガイド』日本基督教団讃美歌委員会編（日本キリスト教団出版局，2005）
Companion to The United Methodist Hymnal
　　　　Ed. by Carlton R. Young (Abingdon Press, 1993)
Hymnal Companion to Sound the Bamboo
　　　　Ed. by I-to Loh(GIA Publigations, Inc., 2011)

◇その他一般書
『新しい式文──試案と解説』日本基督教団信仰職制委員会編（日本基督教団出版局，1990）
『礼拝を豊かに──対話と参与』今橋朗（日本基督教団出版局，1995）
『新しい賛美歌作家たち』横坂康彦（日本基督教団出版局，1999）
『新しい教会暦と聖書日課──4年サイクル主日聖書日課を用いるために』（日本基督教団出版局，1999）
『現代の賛美歌ルネサンス』横坂康彦（日本基督教団出版局，2001）
『よくわかるキリスト教の暦』今橋朗（キリスト新聞社，2003）
『新版　賛美歌──その歴史と背景』原惠、横坂康彦（日本キリスト教団出版

局, 2004)
『日本基督教団式文(試用版) 主日礼拝式・結婚式・葬儀諸式』日本基督教団信仰職制委員会編(日本キリスト教団出版局, 2006)
『リトミックで1・2・さんび——わくわくドキドキ12か月』佐佐木宏子(キリスト教視聴覚センター, 2008)
『さんびかものがたり』Ⅰ〜Ⅴ　川端純四郎(日本キリスト教団出版局, 2009〜2011)
『教会音楽ガイド』越川弘英、塚本潤一、水野隆一編(日本キリスト教団出版局, 2010)
『みんなで礼拝 アイディア集「こどもさんびか改訂版」を用いて』礼拝アイディア集プロジェクト編(日本キリスト教団出版局, 2013)
『戦時下の教会が生んだ讃美歌』石丸新(いのちのことば社, 2014)

◇雑誌
月刊『礼拝と音楽』1955年4月号〜1973年3月号
季刊『礼拝と音楽』1〜165号(1974年5月〜2015年5月)

◇辞典類
『新編音楽中辞典』(音楽之友社, 2002)

◇ウェブサイト
いそべとし記念男声合唱団. http://www.geocities.jp/isodanchorus
作曲家小森昭宏. http://www.na2.co.jp/akmain
西原悟のホームページ. http://n-hara-web.usa.raindrop.jp
福田和禾子オフィシャルサイト. http://www.fukudawakako.com
Composers Association of New Zealand. http://canz.net.nz
Hope Publishing Company. http://www.hopepublishing.com
Hymnary.org. http://www.hymnary.org
IMSLP Petrucci Music Library. http://imslp.org
You Tube. https://www.youtube.com

6. 聖書略記

旧約聖書			
創世記	創世記	ハバクク書	ハバクク書
出エジプト記	出エジプト記	ゼファニヤ書	ゼファニヤ書
レビ記	レビ記	ハガイ書	ハガイ書
民数記	民数記	ゼカリヤ書	ゼカリヤ書
申命記	申命記	マラキ書	マラキ書
ヨシュア記	ヨシュア記		
士師記	士師記	新約聖書	
ルツ記	ルツ記	マタイによる福音書	マタイ
サムエル記上	サムエル記上	マルコによる福音書	マルコ
サムエル記下	サムエル記下	ルカによる福音書	ルカ
列王記上	列王記上	ヨハネによる福音書	ヨハネ
列王記下	列王記下	使徒言行録	使徒言行録
歴代誌上	歴代誌上	ローマの信徒への手紙	ローマ
歴代誌下	歴代誌下	コリントの信徒への手紙一	1コリント
エズラ記	エズラ記	コリントの信徒への手紙二	2コリント
ネヘミヤ記	ネヘミヤ記	ガラテヤの信徒への手紙	ガラテヤ
エステル記	エステル記	エフェソの信徒への手紙	エフェソ
ヨブ記	ヨブ記	フィリピの信徒への手紙	フィリピ
詩編	詩編	コロサイの信徒への手紙	コロサイ
箴言	箴言	テサロニケの信徒への手紙一	1テサロニケ
コヘレトの言葉	コヘレト	テサロニケの信徒への手紙二	2テサロニケ
雅歌	雅歌	テモテへの手紙一	1テモテ
イザヤ書	イザヤ書	テモテへの手紙二	2テモテ
エレミヤ書	エレミヤ書	テトスへの手紙	テトス
哀歌	哀歌	フィレモンへの手紙	フィレモン
エゼキエル書	エゼキエル書	ヘブライ人への手紙	ヘブライ
ダニエル書	ダニエル書	ヤコブの手紙	ヤコブ
ホセア書	ホセア書	ペトロの手紙一	1ペトロ
ヨエル書	ヨエル書	ペトロの手紙二	2ペトロ
アモス書	アモス書	ヨハネの手紙一	1ヨハネ
オバデヤ書	オバデヤ書	ヨハネの手紙二	2ヨハネ
ヨナ書	ヨナ書	ヨハネの手紙三	3ヨハネ
ミカ書	ミカ書	ユダの手紙	ユダ
ナホム書	ナホム書	ヨハネの黙示録	黙示録

目次

はじめに
この本の特徴と用いかた

礼拝文 …………………………………………………………… 11
　　まねきのことば・はじめの祈り／派遣と祝福
1　礼拝　　1〜37 …………………………………………… 13
2　詩編と頌歌　38〜43 ……………………………………… 39
3　聖書の歌　44〜62 ………………………………………… 45
4　教会の一年　63〜104 ……………………………………… 63
5　教会・こどもの教会　105〜109 …………………………… 99
6　世界と人間　110〜140 ……………………………………… 105
ともにいのる ……………………………………………………… 129
　　主の祈り／十戒／使徒信条／わたしたちのいのり／交読詩編

番号対照表 ………………………………………………………… 130
こどものさんびか年表 …………………………………………… 132

日本語初行索引 …………………………………………………… 134
原歌詞初行一覧 …………………………………………………… 136
原歌詞初行索引 …………………………………………………… 137
曲名(Tune name)索引 …………………………………………… 138
作詞者作曲者索引 ………………………………………………… 140

『こどもさんびか改訂版』便利リスト ………………………… 144

執筆者・関係者一覧 ……………………………………………… 145

装丁・レイアウト　　桂川　潤
表紙イラスト　　　　石橋えり子

礼拝文

『こどもさんびか改訂版』の最初には、「招きの言葉・はじめの祈り」「祝福と派遣」が収録されています。「招きの言葉・はじめの祈り」は、礼拝の最初に神さまが礼拝をささげようとしている私たちに呼びかけてくださる、聖書の言葉です。21の言葉が用意されており、通常の礼拝やアドヴェント、クリスマス、受難節、イースター、ペンテコステなど、教会暦にあわせて用いることができます。また「祝福と派遣」は礼拝の最後に読まれる礼拝文で、礼拝が終わってそれぞれの持ち場へと「祝福されて遣わされる」ための言葉が4つ用意されています。

1 礼拝

　ここでは、「招き」から始まって「祝福と派遣」に至るまで、礼拝のさまざまな場面で歌う、各種の要素が収められています。これらを組み立てていくことで、その時その場にふさわしい礼拝が形づくられていきます。

　「告白」は信仰の告白や、罪のざんげを歌います。「頌栄」は神さまの栄光を賛美します。「応答唱」は、司会者の祈りの後に「キリエ・エレイソン」と応答したり、聖書の朗読の後に「ハレルヤ」と歌うことで、こどもたちが礼拝の中で受け身ではなく、積極的に参加していることを体感する歌です。

1　おはよう！　きょうはにちよう！　ASAKAZE

　主日（日曜日）に行われる教会学校・日曜学校の礼拝や、こどもの教会、こどもが参加する主日礼拝を想定しています。『こどもさんびか改訂版』のために日本基督教団讃美歌委員会によって新しく歌詞が書き下ろされました。

　曲は作者不詳ですが、明治期からこどもの賛美歌集に収録されてきました。『ゆきびら　少年讃美歌集』(1901) 20番「うれしやあまつみかみの」では神さまの賜物である自然について歌い、『讃美歌第二編』(1909) 87番、『日曜学校讃美歌』(1949) 56番、『こどもさんびか』(1953) 56番の「しののめにとり歌い」では、鳥がなき、桜が咲く季節にイエスさまがよみがえられたことを歌いました。被造世界とイースターを歌ってきたこの曲は、『こどもさんびか』(1966) には採用されず一旦姿を消しましたが、今回の新しい歌詞によって「創造の日」「小イースター」としての毎主日を祝う歌として、もう一度生かされることになりました。(AS)

2　きょうはひかりが　INNOCENTS (ALL SAINTS)

　作詞者はイギリスの牧師**ジョン・エラートン** John Ellerton (1826-93) です。ロンドンに生まれ、ケンブリッジ大学を卒業し、イギリス国教会の司祭になりました。彼の作った賛美歌はあまり多くはありませんが、現在も歌われています。

　この詞はチェスター大聖堂用の歌集 *Hymns for Special Services and Festivals* (1867) に発表されました。主日の意義とその喜びを歌っているこの歌は従来から親しまれていましたが、『讃美歌21』において口語化されました。

　INNOCENTS (ALL SAINTS) は、ウィリアム・モンク＊ William Henry Monk (1823-89) が音楽編集者を務めていた雑誌 *The Parish Choir* の1850年11月号に発表されました。作曲者は不明です。原曲は13世紀のフランスの聖歌であるという説、またヘンデルのSIROEという賛美歌曲に似ているという説もありますが、確認はされていません。

　曲名INNOCENTSは、この曲が最初に発表された時につけられていた歌詞

が、Innocents' Day（12月28日、ヘロデに殺されたこどもたちを最初の殉教者として記念する日）のための賛美歌だったことに由来します。（MH）

　　＊**ウィリアム・モンク**……ロンドンに生まれ、各地の教会のオルガニストを歴任した後、合唱指揮、音楽出版、賛美歌集編纂などに携わりました。

3　うれしいあさよ　HAPPY HEARTS

　作詞者の**ランタ・W・スミス** Lanta Wilson Smith (1856-1939) は、メソジストの牧師の父のもと、アメリカ・メイン州に生まれました。幼少期から教会や日曜学校でオルガンを演奏したり賛美歌を歌ったりして過ごし、生涯に500を超える詩作をしました。その大部分は賛美歌で、こどもの日、クリスマスやイースターのために書かれたものでした。この "I'm glad the golden sunlight" は、*Primary Songs*(1878) をはじめとする多くのこども用賛美歌集におさめられています。

　作曲者**C・A・ファイク** C. A. Fyke については、賛美歌の作詞者としても名前が確認できるほかは詳細不明です。

　日曜学校協会（1907年設立。後の日本キリスト教協議会［NCC］教育部）によって『日曜学校讃美歌』(1923) に取り入れられる際、由木康（**49番**参照）によって翻訳されました。時代とともに少しずつことばを変えながら、歌い継がれている賛美歌です。礼拝の朝を迎える嬉しさと、神さまへの賛美の気持ちがさわやかに歌われています。（ST）

4　つくりぬしをさんびします　KREMSER

　この旋律には二つの歌詞があります。もとの歌詞と旋律は17世紀のオランダの独立戦争 (1568-1648) の歌です。1626年にアドリアン・ヴァレリウスという人が、この独立戦争の歴史物語を書き、その中に、戦争中に愛唱された歌を70編ほど収めました。この本は、やがて忘れられましたが、200年ほどたってから、ウィーンの音楽家エドワルト・クレムザー(1838-1914) が、この中から6編を選んで『6編のオランダの古い民謡』という題で出版しまし

た。その一つをアメリカのセオドア・ベイカー(1881-1934)という音楽家が収穫感謝祭の歌として翻訳したのが「私たちはここに集まって」"We gather together"という歌詞で、アメリカでは「収穫感謝祭はこの歌なしには考えられない」と言われるほどに今も広く歌われています。

しかし、この歌詞はあまりに愛国的で自国中心にすぎると考えたニューヨークのブリック長老教会のオルガニストのアーチャー・ギブソンは、どんな宗派の人でも、どんな国の人でも一緒に歌える収穫感謝祭の歌が欲しいと思い、同じ教会のまだ学生だった**ジュリア・B・キャディー**(後に結婚して**コリー**となります) Julia B. Cory (1882-1934) に、この旋律に新しい歌詞を創作してくれるように依頼しました。こうして生まれたのが「つくりぬしを賛美します」という賛美歌です。この歌詞も広く受け入れられて、収穫感謝祭の歌というだけではなく、今では礼拝の歌として、また感謝の歌として全世界の教会で歌われています。旋律名は忘れられていた歌の発掘者を記念してKREMSERとされています。(JK)

5 こどもをまねく

『日曜学校讃美歌』(1923)に収録されました。

作詞者**中田羽後**(なかだうご)(1896-1974)は牧師・中田重治の子として秋田県に生まれ、青山学院中等部、聖書学院で学んだのち日本ホーリネス教会の牧師となり、アメリカ・ロサンゼルス聖書学院へ留学しました。音楽伝道に生涯をささげ、『リヴァイヴァル聖歌』(1923, 1932)、『聖歌』(1958)を編纂し、月刊『聖歌の友』の創刊者・主筆として活躍しました。また、ヘンデ《メサイア》の公演にも力を注ぎ、日本語訳『救世主』(1953)の出版にもたずさわりました。

作曲者**津川主一**(つがわしゅいち)(1896-1971)は牧師の子として愛知県に生まれ、関西学院神学部を卒業して、東京の麻布美普教会(現・広尾教会)牧師となりましたが、まもなくその職を退き、学生時代から関心の深かった合唱音楽に専念しました。自由学園、恵泉女学園などで教鞭をとり、多くの合唱団を指導し、合唱楽譜の多くの編著、また『讃美歌作者のおもかげ』等の著書があり、日本合唱連盟理事長などの要職を歴任しました。賛美歌作家の由木康(**49番**参照)と

は関西学院の同期生で、多くの賛美歌を合作しました。

　「イエスは言われた。『子供たちを来させなさい。わたしのところに来るのを妨げてはならい。天の国はこのような者たちのものである。』」(マタイ19：14) という聖句はたいへん有名ですが、これを読んでも分かるとおり、イエスさまは、いつでもこどもたちを招き、守らっておられます。そしてそんなイエスさまをこどもたちは大好きなのです。賛美の気持ちを、「ホサナ(主よ、お救いください)とイエスさまに歌おう」という呼びかけを促す賛美歌です。(ST, MH, AS)

6　イエスさまのことばが

　作詞者**佐伯幸雄**(さえきゆきお)(1931-)は同志社大学神学部卒業、同大学院修了ののち、各地の教会付属幼稚園や教会の牧師、キリスト教主義学校の校長として仕えました。また日本基督教団教育委員、日本基督教団讃美歌委員、近畿・京都宗教連盟理事長等を務めるほか、『こどもさんびか2』(1987)を刊行する際には、その編集委員長も務めました。

　作曲者**小海基**(こかいもとい)(1958-)は、東北学院大学文学部基督教学科を卒業ののち、東京神学大学大学院博士課程(前期)を経て、荻窪教会に赴任し、米国イーデン神学校大学院に留学しました。帰国後、荻窪教会での牧会に戻り、現在に至ります。日本基督教団讃美歌委員として『讃美歌21』の刊行や、『こどもさんびか改訂版』の編纂に従事しました。

　聖書に書かれているのは、イエスさまのみことば、神さまのみ心であり、私たちにとってとても大切なものです。聖書朗読を聞く前に「聖書のみことば(おはなし)に耳を傾けよう」と歌い、備えたいものです。(ST)

7　イエスさま　きょうもわたしを

　『こどもさんびか改訂版』のための公募作品の中から採用されました。

　作詞・作曲者の**松原葉子**(まつばらようこ)(1973-)は富山県に生まれ、教会音楽の学びのためにフェリス女学院大学音楽学部楽理学科へ進みました。卒業後、日本基

督教団富山鹿島町教会のオルガニストとして奉仕しています。各地でリードオルガンの演奏を行い、教会での礼拝奏楽をテーマにしたCDもリリースしています。

「恐れることはない。ただ信じなさい」(マルコ5：36、ルカ8：50)との主イエスの呼びかけに、作者自身が日々励まされ、生かされている中で、自然と促されるようにして生まれた賛美歌です。「軽やかに口ずさみ、歌いながら、"今日も主イエスさまがともにいてくださる"ことを、その喜びを、日ごとにあらたにしていくことができますように」との願いが込められています。(AS)

8　みんなでたたえましょう　BONNER

原歌詞は "Praise him, praise him, all ye little children" で、作詞者不詳です。原歌詞では3節にわたり、"Praise Him"(神さまをたたえよう)、"Love Him"(神さまを愛そう)、"Thank Him"(神さまに感謝しよう)、と "all ye little children"(あなたがた小さなこどもたち) に呼びかけます。

作曲者の**E・ロードン・ベイリー** E. Rawdon Bailey (1859-1938) は、本名を**キャリー・ボナー** Carey Bonner といい、このほかにも、A. Bryce、Ernest B. Leslie、Hermann von Müller などたくさんのペンネームを使って作品を発表しています。10番 (H. von Müller) も彼の作品です。彼はロードン大学で学んだ後バプテスト宣教に入り、1900年には「日曜学校連合」The Sunday School Union の事務局長となり、*Garland of New Sunday School Music* (1886)、*Junior Hymnal* (1906) をはじめとする数々の賛美歌集を編纂しました。

日本では、『讃美歌第二編』(1909) に伊藤信夫の訳詞で収録されました。シンプルな歌詞ではありますが、神さまを賛美する大事な気持ちが、素直な言葉でわかりやすく表現されています。(ST)

9　めぐみうけて

たくさんの恵みを神さまから受けるこどもたちに、生き生きとほがらかに、神さまのみ栄えをほめ歌おう！と呼びかけます。

作詞者今井義子(いまいよしこ)は青山学院中等部の国語教師でした。杉並教会で教会生活を送り、佐伯幸雄（6番参照）らと「こどものさんびか同人会」で活動するなど、多くの賛美歌を作詞、訳詞しています。

　作曲者はT・フレーリッヒ T. Fröhlich となっていますが詳細は不明です。この旋律は昭和時代に活躍した日本の音楽家で賛美歌も多く残した岡本敏明（56番参照）の作詞・編曲による《ワンダーフォーゲル》という合唱曲でも親しまれています。

　ドイツのワンダーフォーゲルのための歌集 Was die Wandervögel singen Band1（Berlin, Verlag von Richard Birnbach, 1917）に収録されている "Wem Gott will rechte Gunst erweisen" が、フレーリッヒのこの旋律で歌われています。歌詞の内容から、「めぐみうけて」はこの歌の歌詞から着想を得たのではないかと思われます。(ST)

10　ことりたちは

　作詞者H・K・ルイス Henry King Lewis（1823-1898）は、イングランド・マーゲートの出身。ロンドンで医学出版に従事しました。この賛美歌 "A little tiny bird" は中田羽後（5番参照）によって翻訳され、『こどもさんびか』（1966）に収録されました。

　作曲者H・ミュラー Hermann von Müller、本名キャリー・ボナー Carey Bonner は、8番を参照。

　どんなに小さなものでも神さまは見逃さず、守り、み恵みを与えてくださり、歌の声はたとえ小さくても必ず神さまに届いていてその賛美を喜んでくださっている……と歌います。(ST)

11　あかるいひかりを

　作詞者の北村宗次(きたむらそうじ)（1930- ）は、新潟県高田に牧師の子として生まれました。関西学院大学大学院、ニューヨーク・ユニオン神学校、セント・アンドリュース大学で学んだのち、各地の牧師のはたらきを経て、隠退牧師となり

ました。神戸栄光教会での牧会中は、1995年に発生した阪神・淡路大震災からの復興に力を注ぎ、また長年にわたり日本基督教団讃美歌委員長、日本賛美歌学会会長を務め、日本の教会音楽のために仕えました。

作曲者の**高田早穂見**(たかださほみ)(1926-)は、東京都豊島区の巣鴨に生まれ、武蔵野音楽大学声楽科で学んだのち、小中高校などの教育現場に50年もの間務めました。この曲は、ある家庭集会に参加した折、怪我をして寝ていたこどもを励ましたいと思ったところ、曲を公募していた『こどもさんびか2』(1983)の詞の中に、ちょうどぴったりのこの詞があったので作曲したもの、ということです。いつでも私たちを愛してくださり、明るい光で照らしてくださる三位一体の神さまを賛美し、見守りを信じて祈りましょうと歌います。(ST)

12 せいなるせいなる　NICAEA

朝礼拝の賛美歌としても広く愛唱されている、三位一体の賛美歌です。作詞者**レジナルド・ヒーバー** Reginald Heber (1783-1826)はイングランド北東部モルパスに生まれ、オックスフォード大学に学び、イギリス国教会の司祭となりました。1807年から1823年までホドネットの教会の司祭として働き、その後、海外宣教の希望がかなって、インド・カルカッタの主教に任じられました。不慣れな気候と闘いながら宣教に励みましたが、3年後に急逝しました。

若い頃から努力して詞の才能を磨いた彼は、やがて、19世紀初期のイギリスの賛美歌作者の中で、特に優れた作者となりました。彼の賛美歌は、イギリス国教会の祈祷書にある教会暦各主日の聖書日課に合う賛美歌を作るという目的で書かれました。

この賛美歌は三位一体主日の礼拝のために書かれたもので、ロンドンで出版された歌集 *A Selection of Psalms and Hymns for the Parish Church of Banbury* (第3版, 1826) に初めて収録され、翌年 *Hymns Written and Adapted to the Weekly Year of the Church* に発表されました。原作は黙示録4：8〜11のパラフレーズで、三位一体の教義を「三つにいましてひとりなる主」と明確に表現し、荘重で力強い歌詞となっています。

作曲者ジョン・B・ダイクス John Baccus Dykes（1823-76）はイングランド北東部ヨークシャー州キングストン・アポン・ハルに生まれ、幼時から音楽の才能を現し、10歳で祖父の教会のオルガニストを務め、ケンブリッジ大学卒業と共にイギリス国教会の聖職者となり、ヨークシャー州モルトンの教会を牧会しました。同州ダラム大聖堂の聖歌隊長、62年より聖オズワルド教会で牧会し、14年間その職にありました。生涯に300曲以上の賛美歌曲、多数のアンセムを作曲し、彼の作品は今日なお多くが歌われています。

　NICAEA はこの歌詞に作曲され、イギリス国教会の賛美歌集 *Hymns Ancient & Modern*（1860）に収められました。この曲を得たことで、ヒーバーの歌詞は礼拝用賛美歌の最高傑作の座を不動のものとしたといえるでしょう。曲名は、三位一体の教義を正統信仰として確認したニケア（ニカイア）公会議（325年）にちなんでつけられたものです。(MH)

13　さあダビデのように　REI DAVI

　ダビデは旧約聖書の中の「賛美歌」である詩編の代表的な作者とされています。1節ではそのダビデのように「歌おう」と歌います。ブラジルで歌われているポルトガル語の歌詞 "Se o Espírito de Deus se move em mim" では2節以降「踊ろう」「とび跳ねよう」「あそぼう」と続きます。日本語詞では、2節を「いのろう」としました。「歌おう」「いのろう」の部分は、「ささやこう」「だまろう」「泣こう」「笑おう」「考えよう」「学ぼう」など、さまざまな動詞を当てはめて歌うことができます。こどもたちとダビデの物語を読んで、ふさわしい言葉を考えて歌っても良いでしょう。最後を「座ろう」にして終わりの合図にすることもできます。

　ブラジルではカトリックでもプロテスタントでもよく歌われています。『こどもさんびか改訂版』に採用したのは短調版ですが、カトリックの「踊る神父」として有名なマルセロ・ロッシ神父の CD では長調版で歌われています。そのほか、バングラデシュ（短調版）やコンゴ民主共和国（長調版）でも歌われていることが確認されています。ルーツはわかっていませんが、作曲家の末吉保雄（**57番参照**）は様式的特徴からヨーロッパ起源の可能性を指摘して

います。(TM, AS)

14　こえのかぎり　かみをたたえよ!　TOOTING

　作詞・作曲はニュージーランドの賛美歌作家**コリン・ギブソン** Colin Gibson（1933- ）です。彼はニュージーランド南島ダニーデンに生まれ、オタゴ大学で学び英文学博士号を取得しました。その後母校オタゴ大学で教鞭をとり、専門分野ではシェイクスピアなどに関する著作があります。現在は同大学名誉教授です。教会音楽の分野では、長年にわたりモーニングストン・メソジスト教会のオルガニスト、音楽監督を務め、また、賛美歌学の研究者としても活躍しています。彼の賛美歌の歌詞と曲は、アフリカ、アメリカ、アジア、オーストラリア、ヨーロッパで出版され、同じくニュージーランドの賛美歌作家シャーリー・マレー（**59番**参照）との共作も多くあります。各国での賛美歌のワークショップも数多く行っており、2012年には日本賛美歌学会の招きで来日し、講演しました。

　この賛美歌の原詞 "With a hoot and a toot" には「詩編151」というユニークな副題がつけらています。詩編150にはさまざまな楽器が登場し、それらを用いて神さまを賛美しますが、その詩編150の「続き」という思いが込められています。4節の原詞を日本語詞では1節にまとめました。原詞の "With a hoot and a toot"「警笛やラッパの（ような）音で」という歌い出しからも、その賑やかな音色が聞こえてくるようです。各節で "we will make him a joyful noise."「神さまに向かって喜びに満ちたノイズ（騒音）を立てよう」と繰り返されます。「美しく整えられた歌声や楽器演奏をささげよう」という発想をしがちなわたしたちに、「賛美」の新しい意味を教えてくれる歌詞です。実際に、身近にあるさまざまな楽器を自由に演奏しながら歌ってもよいでしょう。

　この賛美歌は *Alleluia Aotearoa*（1993）に収録されています。歌集名のAotearoaはニュージーランド先住民のマオリ族の言葉で「自分たちの土地」を意味します。(AS)

15　きょうだいげんかを

　作詞者**阪田寛夫**(さかたひろお)（1925-2005）は、大阪市に生まれ、熱心なキリスト教徒の家庭に育ち、14歳のときに南大阪教会で洗礼を受けました。東京大学文学部を卒業ののち、詩人、小説家、児童文学作家として活躍しました。いとこである作曲家・大中恩とのコンビで、童謡《さっちゃん》他、数多くの作品を世に送り出しています。

　作曲者**大中恩**(おおなかめぐみ)（1924- ）は東京生まれ。父はオルガン曲や賛美歌などの教会音楽を多く作曲した大中寅二です。東京音楽学校（現・東京藝術大学音楽学部）で作曲を学んだ後、歌曲、合唱曲などを多数発表するほか、こどものための音楽作曲に尽力しました。この作品は『こどもさんびか２』(1983) 刊行の折に、委嘱されたものです。私たち人間はとても弱く、恨み合い、いがみ合い、争いが絶えません。きょうだいげんかも然りです。ただその反面、優しくしたり、お詫びをしたりと、人と仲良くしたくもなります。「そのわけを教えてください」と、こどものことばで神さまに問いかけながら祈る賛美歌です。(ST)

16　イェスさまいるってほんとかな　JESUS PRESENT

　作詞、作曲者はドミニコ会修道女**セシリー・シーヒィ** Cecily Sheehy（1938- ）です。ニュージーランドのバルクルーサで生まれ、ダニーデンの聖ドミニコカレッジで学び、1957年にドミニコ会に入会、1961年に終生誓願を立てました。その間にピアノとヴァイオリンでトリニティ・カレッジ・ロンドンの資格（ATCL、LTCL）を取得したほか、フルートやクラシックギターも学んでいます。その後、南島各地のドミニコ会修道院での教育に従事し、ラテン語の賛歌や答唱の英訳、古い旋律の簡素化を担いました。1980年代半ばにはマシュー・フォックス Matthew Fox のもとで Creation Spilituality を学び、そこから地球や被造物への配慮を歌う賛美歌の創作へと促されました。2000年にはオークランド大学で音楽学学士号を取得し、現在は個人的な音楽指導、生徒や信徒のための作曲などを行っています。これまでに27の歌

がニュージーランド国内で出版されています。

　この賛美歌は 1980 年にカトリックの雑誌 *Family Living* にこどものための歌として発表されました。5 節からなる原詞 "How is Jesus present?" を日本語詞では 3 節にまとめています。マタイ 28：20 に基づく問答形式の詞で、どうすれば目には見えないけれども確かに存在しているイエスを感じることができるかという、こどもだけではなく大人にとっても重要な問題への答えを、シンプルな言葉で表現しています。復活のしるしを求めたトマスの物語（ヨハネ 20：26-29）も思い起こさせます。（AS）

17　てをあわせ

　1966 年編纂の『こどもさんびか』に公募作品として掲載されました。作詞者塚本光子（つかもとみつこ）は応募当時神奈川・横浜上原教会の会員でした。作曲者の田中（たなか）のぞみ（本名は望、1937- ）は、旧満州奉天に生まれ、幼児洗礼ののち、日曜学校や教会学校に通い、1952 年に信仰告白しました。その後、教会学校教師や聖歌隊奉仕に従事、児童保育について学び幼稚園にも勤務、現在は、日本基督教団蕃山町教会で礼拝音楽賛美歌指導者として奉仕しています。この曲について作者は「詞を読んでいたら自然にメロディーが浮かんできました。お祈りの導入歌として歌ってもらえたら」と語っています。（ST）

18　こころをあわせ

　作詞者高橋信子（たかはしのぶこ）（1928- ）は、東京都に生まれ、クリスチャンホームに育ちました。その後、保育を専門に学び、教会幼稚園で 50 年にわたり奉仕しました。この賛美歌は、幼児と共に生活している中で、心を通い合わせた祈りの際に生まれたもので、『こどもさんびか 2』(1983) に採用されました。「幼児が日常生活の中で、口ずさめるように」という作者の願いが込められています。

　作曲者久世望（くぜのぞむ）（1930- ）は、埼玉県岩槻市生まれ。東京神学大学、キリスト教音楽学校オルガン科を卒業ののち、牧師、讃美歌委員などのはたらきを

経て、隠退牧師となりました。現在は、日本基督教団長野本郷教会でオルガン奏楽奉仕を務め、日本リードオルガン協会会長として演奏活動とともに後進の育成に力を注いでいます。

　この作品は讃美歌委員として『こどもさんびか2』の編集委員会に携わっていたときに、委嘱され作曲しました。「説明もいらないほどシンプルな祈りの賛美歌。礼拝や分級などで祈りの直前に歌うと良いでしょう。こどもの心そのものである信頼をもって"神さま、一緒にいてください"と祈りたいものです」というメッセージが寄せられています。(ST)

19　てんにいますわたしたちのちち　CALYPSO

　「主の祈り」をパラフレーズしたものに、西インド諸島のカリプソの旋律がつけられた歌です。

　この歌はもともとジャズの大御所デューク・エリントンが、Sacred Concertというプログラムの中で会衆と「コール＆レスポンス」のかけ合いで演奏したもので、*The United Methodist Hymnal** (1989) 他いくつかの1980年代のアメリカの歌集に、違った編曲版で収録されています。

　コール＆レスポンスは、ソリスト（または聖歌隊など）と会衆が交互に歌い交わす音楽のことで、『讃美歌21』『こどもさんびか改訂版』の楽譜に記されているように「先唱者」と「会衆」あるいは「リーダー」と「みんな」に分かれて唱和することのできるスタイルの音楽です。ソリストがさまざまな内容の歌詞を歌い、その合間に会衆が応答をはさんでいきます。

　エドワード・K・エリントン（デューク・エリントン）Edward Kennedy Ellington (1899-1974) はワシントンDCに生まれ、ジャズの世界にビッグバンドを持ち込むことによってジャズ音楽に革命をもたらした音楽家で、その上品で優雅な風貌からThe Duke（公爵）と呼ばれました。ヨーロッパ、アジア、アフリカなどで華やかな演奏活動を続け、ニューヨークのカーネギーホールでは宗教的なジャズ音楽 sacred jazz concert の伝統を作り上げています。

　唱えるだけの主の祈りから、歌う「主の祈り」へ、そしてギターやリズム楽器などを用いた祭りの「主の祈り」をそれぞれの教会で実現したいもので

す。(YY)

*The United Methodist Hymnal (1989)……アメリカ・合同メソジスト教会の賛美歌集。

---

20 かみはそのひとりごを　KRISTIN

　『讃美歌21』で「洗礼・バプテスマ」に分類されているこの賛美歌は、バプテスマによって救われた主観的な喜びや感謝の歌というよりは、むしろ「新しい契約に主が招いておられる、祈りつつ洗礼を受けよう」という、神の招きの視点が歌われたものです。しかも、答唱用の旋律と、各節を歌う旋律とは軽快ながら対照的であり、くりかえして歌われることに耐える工夫がなされています。「希望を持って、主の呼びかけに応えよう。主を信じて進もう」という明るいバプテスマの賛美歌であり、オルガンよりはピアノやキーボードの方が会衆をリードしやすい歌です。

　Sound the Bamboo:CCA Hymnal 1990*（1990）から採られたこの歌は、オーストラリアの賛美歌作家**ロビン・マン** Robin Mann（1949-　）によって作詞作曲されました。マンは3年間、高校で教師をした後、アデレイドの聖ステファノ教会のスタッフとして働き、ルター派の神学校で神学と音楽を学んで1971年にキンデクリスト Kindekrist というグループを組織しました。これは超教派をベースとして、礼拝に現代のポピュラー音楽を採り入れる試みを推進するグループで、すでに5枚のレコードが出ています。

　またマンは歌集の編纂にも積極的で、*Even Stones Can Sing*（1978）、*All Together Now*（1980）、*All Together Again*（1983）などの歌集や、その会衆用ガイド・カセットの編集にも携わっています。そしてオーストラリアの文化を背景とするクリスマス物語 "Outback Christmas" の作曲も手がけており、ルター派賛美歌委員会にも貢献しています。(YY)

*Sound the Bamboo：CCA Hymnal 1990（1990）……CCA（アジアキリスト教協議会）とAILM（アジア典礼と音楽研究所、現SAMBALIKHAAN）共編のアジアの新しい賛美歌集。

21　にひきのさかなと　AGAPE

　この歌は4つの福音書がそろって伝える「五千人のひとびとに食べ物を与える」物語（マタイ14：13～21、マルコ6：30～44、ルカ9：10～17、ヨハネ6：1～15）をパラフレーズしたものです。

　作詞者佐伯幸雄、**作曲者小海基**はそれぞれ**6番**を参照。

　1～3節では物語の情景を歌い、4節で現実に戻って「聖書の言葉を信じる人に」と、この物語にでてくる主のいのちの食卓が私たちの現実と深く関わっていることを歌っています。物語を朗読するように、そして、4節は自分の信仰告白として力強く歌ってください。

　ことばが自然に口ずさめるような、素朴で明るさに満ちた曲です。情景を想像しながら歌ってください。（YS）

22　キリストがわけられた　LAND OF REST

　LAND OF REST の作曲者・年代については不詳ですが、*The Christian Harp*（1832）が初出です。その後、アナベル・モリス・ブキャナン Annabel Morris Buchanan 編集の *Folk Hymns of America*（1938）に「祖母から聞いたメロディー」として収められ、広く知られるようになりました。『讃美歌第二編』（1967）では「たのしきふるさと」（原詞 "Jerusalem, my happy home"）と組み合わされていました。アメリカではこちらの組み合せがよく知られていますが、最近では、他の詞とも組み合わされています。19世紀アメリカ南部で歌われていた賛美歌（白人霊歌）に共通する、6/8拍子、ペンタトニック（五音音階）に近い音階などの特徴を持っています。

　詞は、『讃美歌21』のために書かれたもので、当初は、聖餐について歌うものになる予定でしたが、学校という場での使用を考え、食事を共にすることの意義を歌う現在のものになりました。キリストの愛によってテーブルに招かれた者たちが「ともだち」になるとの詞は、「五千人の給食」の記事と、それに続く「命のパン」についての問答（ヨハネ6章）や、初代教会の姿を記した使徒言行録の言葉（2：42、46）を思い起こさせます。また、『讃美歌

21』にあげられている参照聖句にあるように、復活のイエスとの交わりも思い描かせます（ヨハネ21：9〜13）。愛餐、聖餐の他、キャンプなど、食事を共にする場面なら、どのような場面でも用いることができます。(RM)

23　あのよる　しゅイエスが　KINGSFOLD

　KINGSFOLD はイングランドの伝承旋律で、*English Country Songs*（1893）に採譜され、レイフ・ヴォーン＝ウィリアムズ Ralph Vaughan Williams によって *The English Hymnal*（1906）に収録されました。その際は、「重荷を負う者」（『讃美歌21』432番詞）と組み合わされていました。1段目、2段目、4段目と同じ旋律が歌われますが、1段目と2段目では終わりの部分が少し異なり、2段目と4段目では前半が異なるというように、まったく同じ繰り返しになっていないのが特徴です。

　詞は、『こどもさんびか改訂版』のために書かれたもので、1節では「最後の晩餐」（マルコ14：22〜25、マタイ26：26〜30、ルカ22：15〜20）、2節はガリラヤ湖畔での復活顕現における食事（ヨハネ21：12〜13）、3節はエマオへの道での出来事（ルカ24：13〜31）を歌っています。最後の晩餐は、聖礼典としての聖餐が「制定」された場面とされてきましたし、その場面を歌う賛美歌は聖餐について歌うものでした（例えば、『讃美歌21』76番「今こそ歌いて」）。しかし、この詞では、より広く、パンを分かち合うことを、苦しみを受け、死んで、復活したイエスと共に食事をすることとしてとらえています。そして、私たちが食事を共にするときは、今も、いつでも、イエスが共にいて、パンを手に取り、感謝して、裂いて、分け合っていることを感じるようにと招いています。

　聖餐、愛餐ではもちろん、食事の席、また、分かち合いをする場面で、力強く、イエスの臨席を語りかけてくれる歌だと言えるでしょう。(RM)

24-1　いまそなえる　OFFERING RESPONSE

　この歌は1966年に『こどもさんびか』が改訂されたときに、ことばを多

少変えて口語化されました。その際、この歌は『讃美歌』(1954) にも旧版のままで載せられていましたので、同じ曲が歌詞を異にしている不自然さを指摘されていました。当時、『こどもさんびか』は日本基督教団教育委員会の管轄にあり、この歌が元々、『日曜学校讃美歌』(1949) が出典であるところから、教育委員会の責任で改訂することになったのです。

『讃美歌21』で『こどもさんびか』(1966) 版の訳が採用されたことによって、31年ぶりに同じ歌詞で歌えるようになり、その後『こどもさんびか改訂版』でも同じ歌詞を採用しました。

献金の賛美歌を歌った後で改めて献金の感謝の祈りをする習慣がありますが、この歌を心を込めて歌って献金の感謝の祈りにしたほうが、会衆全体の心を合わせることになり、ふさわしいように思います。惰性に流されないように、新鮮な思いで歌ってください。

作詞者 **A・E・ハリス** A. E. Harris、作曲者 **ウィリアム・メイ** William A. May についての詳細は、共に不明です。(YS)

24-2　まごころこめ　MAGOKORO

献金の感謝のときに歌われるこの歌は、献金はすなわち献身を表すものとして「ささげます、このわたし」と献金の主旨を明らかにしています。この歌は1983年に『こどもさんびか2』が編集されたときに、1950年に復刻版で出版された『日曜学校讃美歌』(1923) から改訳され、採用されました。

『こどもさんびか』の献金の歌として定着してきたこの歌が、『讃美歌21』に採用され、こどもとおとなが共に歌える献金の歌になりました。『こどもさんびか改訂版』でも同じ歌詞を採用しています。

「たから」(献金) が「わたし」自身を表すならば、この祈りの歌も、献身の思いを込めて歌えるように心がけましょう。(YS)

25　たたえよ、しゅのたみ　OLD 100TH

25番と26番は頌栄です。三位一体の神をほめたたえるという内容で、

グロリア・パトリ、小栄光唱とも呼ばれます。これはミサ通常文のグローリア（栄光の賛歌）が大栄光唱と呼ばれるのに対応しています。

　頌栄は、主に礼拝の導入や派遣の部分で歌われてきました。ここにあげられているだけでなく、詩編や祈りなどを歌う賛美歌の最終節に頌栄がつけられているものも多くあり、それらの頌栄部分のみを独立して用いることもできます。(AI)

　25番は「あめつちこぞりて」という歌いだしで『讃美歌』(1954)において親しまれた頌栄です。

　作者は、17世紀イギリスの賛美歌作家の一人である**トーマス・ケン** Thomas Ken（1637-1711）です。ケンはオックスフォード大学に学び、イギリス国教会の司祭として各地の教会で牧会しました。25番の英語原歌詞は、彼が書いた朝の歌と夕の歌に出てくる最後の節であり、これを単独に頌栄としたもので、英語圏では非常に広く歌われています。『讃美歌21』には大もととなったこれら両方の歌も収録されています。『讃美歌21』の朝の歌209番「めさめよ、こころよ」、そして夕べの歌である213番「み神をたたえよ」で、どちらも最後はこの頌栄で締めくくっています。

　日本語の頌栄は、ケンのこの歌詞から示唆を得て日本語で自由に翻案されたもので、作者は不明です。「全能の主をほめよ」など明治時代以来さまざまな訳があり、『讃美歌』(1954)では「あめつちこぞりて」に落ちつきました。しかし、『讃美歌21』では、英語のスタンダードな版に基づいて再考されています。「父・み子・みたま」に代えて「父・子・聖霊」という表現を用いるなど、聖書では以前から市民権を得ていながら賛美歌では使われなかった言葉を打ち出し、誤解を招く可能性のあった「みたま」は使われなくなりました。

　OLD 100TH は神学者のテオドル・ベズ＊ Theodore de Beze（1519-1605）による詩編134のパラフレーズの旋律として、*Pseumes octante trois de David*(Geneva, 1551)で公表されましたが、その原形については不明です。フランス語詩編歌の音楽編集者を務めたルイ・ブルジョワ＊＊ Louis Bourgeois（1510頃-61以後）の作だという説もありますが、確かに詩編歌旋律の大部分は彼

の手によって編集・構成されたものだとしても、作曲者であるという論証は十分ではありません。またこの旋律は、部分的には当時流行していたさまざまな旋律に良く似ており、それらの寄せ集めで作られたという説もあります。いずれにしても、この旋律は後続歌集において世界中で歌われる賛美歌曲となりました。OLD 100THという曲名は、1560年代にこの曲がウィリアム・キース *** William Kethe（？-1600頃）の英語訳詩編歌第100編に配されて、多くの歌集に収録されたことから来ています。

『讃美歌21』『こどもさんびか改訂版』の版は、各フレーズの最初と最後に長めの音符が使われる、詩編歌のオリジナルに近いリズムが採用されています。小区分線までをひとフレーズとして、流れるように歌いたいものです。(YY)

*テオドル・ベズ……1559年にジュネーブ・アカデミーの学長に就任し、1564年にはジュネーブ改革派教会でカルヴァンの後任となっています。

**ルイ・ブルジョワ……カルヴァン派の教会および音楽と関連して忘れることができない人物です。パリ生まれの音楽家・理論家で、1541年ジュネーブに招かれ、カルヴァンのお膝元のサン・ピエール（聖ペトロ）教会で音楽を担当しました。彼の作・編曲は約125といわれます。彼は詩編歌集の音楽面で協力したばかりでなく、会衆に詩編を歌わせる教育のために、精力的に働いたといわれています。彼は詩編歌を単旋律のユニゾンだけでなく和声的に歌うことを主張し、実際に詩編歌用合唱編曲を出版しています。彼は1557年にパリへ移るまで、約15年間カルヴァンの協力者として力を尽くしました。(TS)

***ウィリアム・キース……生涯についてほとんど知られていませんが、おそらくスコットランド人だと言われています。

26　グロリア、グロリア、グロリア　GLORIA PATRI ET FILIO

ブラザー・ロジェ（本名ロジェ・シュッツ Roger Schutz、1915-2005）によって設立されたエキュメニカルな共同体、テゼ共同体の歌の一つです。

テゼ共同体では、毎日、朝、昼、夕の3度、和解の教会と呼ばれる礼拝堂に集い、歌と聖書朗読、とりなしの祈り、そして、長い沈黙からなる祈りの時間が持たれています。その祈りで歌われる歌はカノン（輪唱）や、短いもので、それらを繰り返して歌います。歌詞の付いたソロ・パートや楽器による

オブリガートを持つものもあり、繰り返される一同の歌を祈りへと導く役割を持っています。

　祈りのための歌を求めていたテゼ共同体のために、**ジャック・ベルティエ** Jacque Berthier (1923-94) が、1975年以降、多くの曲を作りましたが、これもそのうちの一つです。

　「グロリア・パトリ」と呼ばれる、三位一体の神への頌栄を歌詞としています。グロリア・パトリは、ミサの入祭唱や聖務日課（日ごとの祈り）のさまざまな場面で歌われますが、とくに、礼拝のはじめ、詩編や頌歌に続けて歌われることになっています。ですから、招きの言葉（招詞）への応答として、詩編や頌歌の交読への応答として用いることがふさわしいですが、献金の際にも、頌栄としても歌うことができます。(RM)

27　キリエ・エレイソン　KYRIE ELEISON

　「キリエ・エレイソン」は、ギリシャ語で「主よ、あわれんでください」を意味します。マタイ9：27、15：22、20：30〜31、マルコ10：47〜48などで、イエスに向かって上げられている叫びの言葉です。

　この言葉は、「マラナ・タ」(**31番**参照) と並んで、古くから礼拝の中で用いられてきました。3世紀には、シリアのアンティオキア（アンテオケ）でリタニー（連祷、交祷）の応答句として用いられるようになり、その後、東方教会の典礼全体でも用いられるようになりました。現在最も一般的に用いられているクリュソストモス典礼でも、リタニーの応答句とされています。西方教会にも取り入れられましたが、後にリタニーの祈りの言葉は使われなくなり、「キリエ・エレイソン」だけが残りました。そして、三位一体の神への祈りとして3回繰り返されるようになり、2回目をキリストへの祈りとして「クリステ・エレイソン」と唱えるように変更されました（後には、それぞれを3回ずつ繰り返すようになりました）。現在では、元来の使い方のように、再び、リタニーの応答句として、とりなしの祈り、嘆願の祈りなどに用いられるようになっています。

　ウクライナの民謡に基づくこの曲は、世界教会協議会(WCC)第6回ヴァン

クーヴァー大会で用いられ、アイオナ共同体の *Many & Great: Songs of the World Church* (1990) やドイツの *Evangelisches Gesangbuch* (1996) 他、多くの歌集に収められるようになっています。(RM)

28　グローリア、グローリア　GLORIA Ⅲ

　テゼ共同体の歌の一つです（テゼ共同体とその歌については、**26番**参照）。

　26番が日ごとの祈りなどで用いられる「グローリア・パトリ」であるのに対し、この「グローリア、グローリア」は、ルカ2：14を歌詞とする、クリスマス用の曲です。この曲は、2小節遅れで歌う4部のカノン（輪唱）で、2小節でDm-Gm-C-Fというコードを繰り返します。順々に歌い始めますが、終わる際には、全声部が複縦線、もしくは終止線のところで、その直前の音を引き延ばして、同時に歌い終わるようになっています。この曲は、「今日、キリストが生まれた。救い主が現れた」と歌うもう一つのカノン（輪唱）と同時に歌うことができるようになっています。リコーダーやヴァイオリン、トランペット、チェロなど、多彩な楽器のオブリガートも付けられていて、イエスの誕生を祝うのにふさわしい歌となっています。

　クリスマスでロウソクをともす礼拝をするなら、その点火の際に歌うのがふさわしいでしょう。クリスマス以外でも、神の栄光をたたえる際に用いることができます。(RM)

29　グロリア、グロリア

　歌詞の「グロリア　イン　エクセルシス　デオ」はラテン語で「いと高きところには栄光、神にあれ」（ルカ2：14）という意味です。

　作曲者**石川正信**(いしかわまさのぶ)(1959-　)は、日本基督教団松沢教会の聖歌隊長・オルガニストで、賛美歌の創作・発信も積極的に行っています。キリスト教の出版社に勤務し、キリスト教音楽に関わる書籍などを手がけています。

　この賛美歌は、作者が毎年幼稚園教諭の集まりで紹介してきたクリスマスの歌の中のひとつです。もとの賛美歌はもう少し長い歌でしたが、前半部分

を輪唱で歌うことができるため、その部分を独立させてひとつの賛美歌にしました。クリスマスページェントで天使の合唱として歌うこともできますし、礼拝の中の神の栄光をたたえる場面で歌うこともできます。(AS)

30　ハレルヤ(1)　HALLELUJA

「ハレルヤ」は、「主(ヤハウェ)をほめたたえよ」という意味のヘブライ語で、詩編111〜113、115〜117、146〜150に用いられています。黙示録では音訳して用いられています(19:1、3、4、6)。「キリエ・エレイソン」(**26番**参照)や「マラナ・タ」(**31番**参照)と並んで、古くから礼拝の中で用いられてきた言葉で、出エジプトを祝う過越祭と関わりが深かったことから、キリスト教でも、復活とイースターに関連して用いられます。

礼拝の中では、福音書朗読の前後に唱えたり、歌われたりしますが、それは、福音書の中で語っているイエスを迎えるという意味があるとされます(その場合、福音書は起立したまま聞きます)。また、賛美のリタニーの応答句としても用いられます。上にあげたハレルヤを含む詩編を交読する際に歌うことも可能です。

このハレルヤは、ジンバブエの作曲家、**アブラハム・ドゥミサニ・マライレ** Abraham Dumisani Maraire (1944-1999) によるもので、世界教会協議会 (WCC) 第6回ヴァンクーヴァー大会の歌集 *Jesus Christ—The Life of the World: A Hymn Book* (1983) に収録されています。(RM)

30　ハレルヤ(2)　SINCLAIR

SINCLAIR は、**ジェリー・シンクレア** Jerry Sinclair (1943-) の作曲で、1972年に出版されました。シンクレアは10代から作曲を始め、ジーザス・ムーヴメントという運動に関わっていました。

原曲では、「ハレルヤ」の歌詞の他にも、2節は "He's my Savior, alleluia"、3節は "I will praise Him, alleluia" と歌うようになっています。単純なメロディとハーモニーは、混声合唱でアカペラで歌っても美しく、繰り返して歌うこ

とも可能です。(RM)

31　しゅよ、おいでください　KUM BA YAH

　アフリカン・アメリカン・スピリチュアル（日本では「黒人霊歌」として知られています）の歌の一つで、『讃美歌第二編』(1967) 135番としても収録されていました。全面的に口語化され、繰り返される「クムバーヤー」という言葉がそのまま歌うようにされて、原曲の持つ力強さが伝わるようになりました。

　「クムバーヤー」"Kum ba yah"は、サウス・キャロライナ州やジョージア州の海岸地域に住むアフリカ系アメリカ人が使っているガラ語Gullah languageで、"Come by here"（ここに来てください）を意味します。

　『讃美歌21』と『こどもさんびか改訂版』では「応答唱」の項目に入れられていますが、それは、「クムバーヤー」の叫びが、古代の「マラナ・タ」の叫びと同じ祈りを表していると考えられたからでしょう。

　「マラナ・タ」は1コリント16：22、黙示録22：20などに記されている、アラム語の祈りの言葉で、キリストの再臨を強く待ち望む気持ちを表しています。初代教会において古くから用いられてきたようで、新約聖書における使用も、礼拝における使用に基づいていると考えられています。

　「クムバーヤー」は、アフリカから強制的に連れてこられ、奴隷とされた人々が、苦しみの中で、キリスト・イエスを待ち望みつつ、泣き、祈り、歌っている様子を歌っています。アフリカ系アメリカ人の経験から生まれた歌ですが、すべての人が共有できる体験と信仰を現しているといえるでしょう。

　「しゅよ、おいでください」の部分はリーダー（ソロ）が歌い、一同は「クムバーヤー」の部分で応答する、コール＆レスポンスのスタイルで歌うこともできます。(RM)

32　すべてのひとよ　LAUDATE OMNES GENTES

　テゼ共同体の歌の一つ。作曲は**ジャック・ベルティエ**です（**26番**参照）。

詩編117：1を詞としており、あらゆる人々に神をたたえるよう呼びかける歌となっています。他のテゼ共同体の歌と同じように繰り返して歌いますが、混声合唱でアカペラで歌っても美しいハーモニーが付けられています。

　神をたたえるリタニーの応答句として、また、献金など礼拝のさまざまな場面で用いることができます。(RM)

33　サント　サント　サント　SANTO

　この歌は、アルゼンチンの旋律ですが、作者については明らかではありません。世界教会協議会(WCC)信仰職制委員会会議が1989年9月にブダペストで開かれた時に、礼拝式文・賛美歌集で紹介されました。アイオナ共同体の Many & Great: Songs of the World Church (1990) にも収録され、世界的に知られるようになりました。

　神をたたえて「聖なるかな」と歌う様子は、イザヤ書6：3、黙示録4：8に記されています。神が「聖」であるというのは、人間とはまったく異なる、超越した存在であることを表していますが、同時に、私たちが、神が「聖」であることを知り、その栄光をたたえることができるという「逆説」も表しています。

　4世紀以来、「聖なるかな」は、聖餐のパンとぶどう酒に祝福を祈り、聖別する「感謝の祈り」の一部として、唱えられ、歌われてきました。この曲も聖餐の中で用いることができますが、穏やかな曲調の中に、この「私」が「聖なる神」を知り、たたえることができるのだという「神秘」が表わされているように思います。

　聖餐の祈りの他、リタニーの応答句として用いることもできます。(RM)

34　キリストのへいわ

　作詞・作曲者は**塩田泉**（しお　いずみ）(1951-)です。埼玉県に生まれ、国立音楽大学教育音楽学科を卒業後、東京都立水元養護学校に勤務しました。その後上智大学神学部で学び、1987年に司祭に叙階されました。多くの典礼音楽を作曲し、

作品はカトリック教会だけでなく、多くのプロテスタント教会でも歌われています。

　1960年代終わりから1970年代初めにかけて、ベトナム戦争が激化し、アメリカでも日本でも戦争終結と平和の実現に向けてさまざまな動きがありました。作者も、個人の平和、社会の平和を願いながらコロサイ3：15から導き出されたこのテキストをずっと唱え、祈り続けていました。そのうちに自然にメロディが紡がれ、1970年ごろにこの賛美歌が生まれました。「すべての人にキリストの平和の種が蒔かれ、平和が芽生えますように」との願いが込められています。

　「平和」の部分には、祈りのテーマにあわせてさまざまな名詞を当てはめて歌うことができます。同じ歌詞で何度も繰り返しても、いくつか違う言葉を入れて歌ってもよいでしょう。また、「平和のあいさつ」の前後に歌ったり、歌いながら握手を交わしたりすることもできます。(AS)

35　みことばいまうけ

　作詞者 **A・アトウッド** A. Atwood、作曲者 **ヘンリー・E・マシューズ** Henry. E. Matthews（1820-?）となっていますが、それぞれ詳細はわかっていません。佐伯幸雄（**6番**参照）により翻訳され、『こどもさんびか』(1966)に収録されました。共に礼拝に参加し、みことばを聞いた友達同士は、礼拝が終わるとそれぞれの場所に派遣されます。この賛美歌を歌って、「次の礼拝で会うときまでさようなら。この一週間も一緒に主の道を歩もう！」と決意を新たにしたいものです。(ST)

36　いまでかけよう

　作詞・作曲者 **西原悟**（にしはらさとる）（1959- ）は兵庫県に牧師の子として生まれました。タレントのサポートミュージシャンやアレンジャーとして活躍しています。

　この賛美歌は『こどもさんびか改訂版』で採用されました。礼拝の終わりに、祝福を受けてこの世へと派遣されてゆく歌です。短い歌詞の中に、礼拝

の意義が凝縮されています。こどもの教会、教会学校・日曜学校の礼拝、学校等での毎回の礼拝ではもちろん、複数教会合同のこどもの行事やキャンプ、課外活動などの締めくくりの礼拝で用いれば、行事全体を総括して新しい出発を歌うことができます。卒園・卒業礼拝にもふさわしいでしょう。礼拝の性格に合わせて、速めのテンポで元気に歌うことも、落ち着いてしんみりと歌うこともできます。(AS)

37　さようならグッバイ (1)

　作詞者**佐伯幸雄**、作曲者**小海基**についてはそれぞれ6番を参照。
　『こどもさんびか2』(1983) に収録されました。同じ詞にふたつの曲が配されています。この賛美歌はヘ長調の明るい旋律、37番 (2) はニ短調自然短音階の郷愁を誘うような独特な旋律となっており、対象的です。「シャローム」はヘブライ語で「平和」を意味する言葉です。「平和がありますように」と祈りながら、礼拝後に派遣される際、また集会の終わりなどに別れの挨拶として歌われる賛美歌です。(ST)

37　さようならグッバイ (2)

　作詞者**佐伯幸雄**ついては6番を参照。
　作曲者**大友純子**(おおともじゅんこ) (1960-) は、クリスチャンホームに育ち、「いずれは奏楽者に」という両親の願いのもと幼少期からピアノに親しみ、1980年に仙台北教会で受洗後、礼拝奏楽者となり、教会音楽に導かれました。この曲は「キリスト教音楽講習会」(日本基督教団讃美歌委員会主催) に派遣された時に、作曲講座を受講し作ったものです。同じ詞による37番 (1) を作曲した小海基とは東北教区青年会時代の仲間でもありました。作曲者からのメッセージは次のとおりです。「集った人たちが、神さま、イエスさまの愛を実感し、平和を作りだす者として派遣される際に、喜びに満ちながら、心を合わせ、再びまた会えることを望みながら歌っていただければ嬉しいです。また亡くなった親しい方を偲んで歌っていただいてもよいと思います」。(ST)

2
詩編と頌歌

　「詩編」は旧約聖書の時代の祈りであり賛美歌です。『こどもさんびか改訂版』には詩編24編、133編、148編、150編が収められています。歌集200頁以降に「交読詩編」20編が収められているので、組み合わせて用いたり、交読の代わりに賛美をすることもできます。また、「頌歌」は「神さまをほめたたえる歌」という意味です。聖書の中に収められている詩編以外の賛美歌を「頌歌」と呼んでいます。『こどもさんびか改訂版』には、「マリアの賛歌（ルカ１：47）」と「ザカリヤの預言（ルカ１：68〜79）」が収められています。

詩編と頌歌　対応聖書箇所一覧

『こどもさんびか改訂版』	聖書	関連箇所
38「ひらけ、とこしえのとびらよ」	詩編24	マルコ10:26
39「みよ、しゅのかぞくが」	詩編133	ローマ12:10
40「かみさまのあいは」	詩編148	ガラテヤ3:26-28
41「ハレルヤ、歌え」	詩編150	
42「マニフィカート」	ルカ1:47	
43「ほめ歌歌え」	ルカ1:68-79	イザヤ40:3-5／マルコ1:2-8

38　ひらけ、とこしえのとびらよ　ISRAELI FOLK MELODY

　38番〜43番は「詩編と頌歌」という項目になっています。

　「詩編」は、言うまでもなく、旧約聖書の詩編に基づく歌で、聖書の言葉をそのまま歌うもの(39番)の他、「パラフレーズ」と呼ばれる、詩編をそれぞれの言語で詩の形に整えて歌えるように訳したもの(従って、そこに独自の解釈が表されているもの。38番、40番、41番)があります(『讃美歌21略解』88〜89頁参照)。

　「頌歌」は聖書の中に含まれている詩編以外の詩で、「カンティクム」(ラテン語、canticum)や「カンティクル」(英語、canticle)と呼ばれます。

　「ひらけ、とこしえのとびらよ」は詩編24編に基づくもので、答唱部分(最初の2段)の詞は、カトリック司祭**ウィラード・ジャバシュ**Willard F. Jabusch (1930-)によって1966年に作られました。ジャバシュは、詩編24編全体のパラフレーズも書いています。

　詩編の部分は、**アーロ・ドゥーバ** Arlo Dean Duba (1929-)によるパラフレーズです。ドゥーバは長老教会の牧師で、ウェストミンスター・クワイア・カレッジやプリンストン神学校で教えた後、デューバク大学神学部の学部長、礼拝学教授を務めました。合同メソジスト教会、長老教会が礼拝用の詩編(交読用、答唱付)を編纂した際の委員会メンバーでもありました。

　ISRAELI FOLK MELODYはアメリカではPROMISED ONEという曲名でも知られており、日本における曲名のように、イスラエルの民謡と思われます。おそらく、ハシディズムと関係があり、第1次世界大戦後、シオニストたち

によってイスラエルにもたらされたと考えられています。現在の形には、ジョン・ファーガソン John Ferguson (1941-) によって1973年に編曲され、次の年に発行されたキリスト合同教会 (The United Church of Christ) の賛美歌集に収録されました。

　このパラフレーズと曲の組合せは、*The Presbyterian Hymnal* (1990) に基づいています。アメリカ長老派教会の賛美歌集 *The Presbyterian Hymnal* には、「段々とテンポを速くすることで、この詩編が持つ喜びと力の感覚を高揚させてもよい」と書かれています。(RM)

39　みよ、しゅのかぞくが　HINE MA TOV

　この歌は、「見よ、兄弟が共に座っている。なんという恵み、なんという喜び」という詩編133を歌うためのセティングで、イスラエル民謡が付けられています。

　またユダヤ教の典礼歌としても、"Hine ma tov"（見よ、なんと良い）という歌につけられて広く歌われており、「兄弟たちがここに集い、ひとつになることは何と素晴らしいことだろう」と、誌編の表現にかなり近い形の歌詞となっています。しかし『讃美歌21』『こどもさんびか改訂版』では、「兄弟たち」から同じ信仰の友たちという意味で「主の家族」という表現が採り入れられました。女も男も、老いも若きも、こどもも大人も、主にある家族がみんな集まって憩いのひと時を歌います。

　シナゴーグでは1小節を1拍に取るような感じで歌いますので、遅くならず、喜びと躍動感に満ちて歌いたいものです。(YY)

40　かみさまのあいは　KAMISAMA NO AI

　詩編148を歌ったものです。

　この歌はもともと、カトリック教会の『典礼聖歌』(1980) の30番に収録されているものです。1980年といえばちょうど『こどもさんびか2』の出版の少し前でしたし、また『ともに歌おう』が1976年に出版された際に、カト

リック教会との協力関係があって、エキュメニカル運動の視点からも、『こどもさんびか2』に採用されました。

　歌詞にもあるように「こどももおとなもいっしょに」と歌い、こどもとおとなが共通に歌える歌が増えたことはうれしいことです。

　答唱の部分を会衆が歌い、詩編のことばの部分は司式者か先唱者か聖歌隊が歌うと良いでしょう。「さんびの歌を歌おう」の部分は一同で歌った方が自然のように思います。

　歌詞・曲共に佐久間彪(さくまたけし)(1928-2014)神父の作品です。彼はカトリック東京大司教区司祭、カトリック典礼委員として尽力すると共に作詞、作曲活動を幅広く行い、絵本『こどものせかい』(至光社)にも作品があります。白百合女子大学で教鞭をとりました。

　作者は、「こどものころ、縁側に干したふとんの上で猫といっしょにひなたぼっこをしていると、太陽の光と暖かさが身にしみるようで、うとうとしていました。この歌はこのような幼児体験をもとにつくりました」と書いています。作者の堂々とした風貌の向こうに、優しさと豊かさがうかがえるようです。(YS)

41　ハレルヤ、うたえ　GENEVAN 150

　詩編のパラフレーズのうち、後に大きな影響を与えた、ジュネーヴでの宗教改革から生まれた歌、「ジュネーヴ詩編歌」の一つです。

　ジュネーヴでの宗教改革を進めたジャン・カルヴァン Jean Calvin (1509-64)は、最初のうち、礼拝における音楽の使用に否定的でしたが、ストラスブールに亡命中、ルター派の会衆が力強く歌うのを聴いて、考えを改めたとされています。

　ただ、礼拝で歌うのは、詩編のパラフレーズとマニフィカート(**42番**参照)、十戒、主の祈りだけに限定し、教会ではユニゾンで、1節も省略することなく歌うことを求めたと言われます。また、教育的な見地から、最初にこどもたちに歌を教え、こどもたちを会衆席のまん中に座らせて、こどもたちから大人に歌が伝わっていくようにしました。

1539年から徐々に詩編のパラフレーズが公表されていきますが、クレマン・マロ Clément Marot (1496/7-1544) とテオドル・ベズ Théodore de Bèze (1519-1605) によって全詩編のパラフレーズが完成したのは、1562年のことでした。

　ジュネーヴ詩編歌は、ジュネーヴに亡命していたジョン・ノックス John Knox (1510-1572) によってイギリスにもたらされ、その影響の下に、独自の詩編歌を生み出すことになりました (スコットランド詩編歌、1562年完成)。詩編歌の伝統は、18世紀になって、英語賛美歌創作の基礎となります。

　詩編150編は、詩編全体を締めくくるものとして置かれたと考えられており、あらゆる楽器を用い、すべて息あるものに神をたたえるよう、呼びかけます。

　ジュネーヴ詩編歌の旋律は、二分音符を単位としてゆったりと、しかし、遅くなり過ぎないように注意して歌うといいでしょう。(RM)

42　マニフィカート　MAGNIFICAT (Taizé)

　頌歌のうち、マリアが歌ったとされる歌 (ルカ1:47〜55) は、ラテン語に訳された最初の語を取って、"Magnificat"（マニフィカート、マグニフィカート）と呼ばれます。夕べの祈りの重要な要素とされてきたので、たくさんの作曲家が作曲してきました。

　このマニフィカートは、テゼ共同体の歌です (**26番**参照)。4部のカノン（輪唱）として作曲されています。2小節でG-C-D-Gというコード進行が繰り返され、歌い終わるときには、複縦線、もしくは終止線の直前の音を引き延ばします。楽器のオブリガートの他、これと一緒に歌える別のカノンや混声合唱によるオスティナート（繰り返して演奏する部分）も作曲されていて、さまざまな展開が可能になっています。

　夕べの祈りではもちろん、アドヴェントの礼拝で、また、イースターやクリスマスといった大きなお祝いの礼拝で歌うこともできます。(RM)

43　ほめうたうたえ　MERLE'S TUNE

　「ザカリアの祈り」としてルカ1：68〜79に記されている歌は、頌歌として、朝の祈りに歌われてきました。それは、「高い所からあけぼのの光が我らを訪れ」るという言葉（78節）によるものでしょう。

　このパラフレーズは**マイケル・ペリー**Michael Perry (1942-96) によるものです。イングランド国教会の司祭であったペリーは、さまざまな賛美歌集の編集に携わっています。Jubilate Hymns Limitedという出版社で働き、次世代の賛美歌作家の作品を発表したり、賛美歌フェスティバルの企画・運営もしました。**68番**「かいばおけにねむる」の作詞・作曲もしています。

　預言者たちによって告げられていた救いが近づいたこと、それが「解放」「自由」をもたらすことを高らかに歌う1節に続いて、2節では「ダビデのすえの恵みのみ子」がくることを告げる「先駆け」となるべく、バプテスマのヨハネ（この歌では、名前は明示されていませんが）が選ばれたことを歌っています。3節では、神の憐れみによって、私たちの歩みが平和へと導かれることを告げて、最後は、この頌歌の最初で歌われた「ほめたたえよ」という呼びかけで締めくくられています。

　作曲の**ハル・ホプソン**Hal H. Hopson (1933-) は、教会音楽の作曲家として、アメリカではとてもよく知られ、賛美歌の他、合唱曲やハンドベル作品など、1,800以上の作品を発表し、音楽祭やワークショップでの指揮者・指導者としても活躍しています。この曲は、1983年にこの詞のために作曲されました。

　MERLE'S TUNEは、救いが近づいていることを高らかに歌い上げる詞にふさわしく、跳躍を多く含んだ高揚感のあるものです。また、AA'BA'という典型的な唱歌形式で書かれているので、少し歌いにくいと感じられる跳躍を含んでいても、安定感のある曲となっています。

　朝の礼拝ではいつでも用いることができます。また、アドヴェントのほか、バプテスマのヨハネに関する聖書が読まれる礼拝、また、自由や平和を主題とする礼拝でも歌うことができます。（RM）

3 聖書の歌

　聖書の歌は文字通り、聖句をもとに作られた賛美歌のことです。『こどもさんびか改訂版』では、19の聖書の歌が収録されています。旧約聖書からアブラハム、ヤコブ、モーセ、サムエル、ダビデについて5の賛美歌、新約聖書からイエスさまの誕生(2)、サタンの誘惑、弟子たちの招き(2)、イエスさまの教えやたとえ(7)、イエスさまの幼子への祝福、パウロ(サウロ)についての14の賛美歌が、それぞれ収められています。どの賛美歌も、聖書の情景が立体的に浮かんできて、聖句への理解がより深められていきます。

聖書の歌　対応聖書箇所一覧

『こどもさんびか改訂版』	聖書	関連箇所
44「アブラハム、アブラハム」	創世記12:1-3	創世記15:1, 12:1-25:10
45「たびにつかれて」	創世記28:10-22	民数記12:6／ヨブ記33:15-16／ヨハネ1:51
46「ナイルのきしの」	出エジプト記2:1-10	出エジプト記3:1-10, 14:15-31, 19:20-20:21／申命記34:1-8／イザヤ書63:12／使徒言行録7:17-38
47「ちいさいこどもの」	サムエル記上3:1-10	使徒言行録3:24
48「おそいくるライオン」	サムエル記上17:1-11, 31-50, 16:17-23／サムエル記下6:15, 22章	詩編のダビデの詩／1ヨハネ4:18-19
49「かみさまはそのひとりごを」	ヨハネ3:16, 5:24, 20:31	
50「ヨセフのいいなずけ」	ルカ1:26-28	イザヤ書7:14
51「おなかのすいたイェスさまに」	マタイ4:1-11	申命記8:3, 6:16, 6:1／詩編91:11-12
52「しゅイェスは でしたちを」	マタイ10:1-4, 7-8	マタイ4:18-22
53「ペトロはガリラヤの」	マタイ4:18-22, 14:22-32, 16:16-19	ヨハネ1:35-42
54「ガリラヤのかぜかおるおかで」	マタイ5:1-2, 14:27／ルカ23:43, 24:32	マタイ5-7章, 14:22-33／ルカ23:39-43, 24:26-32
55「ちいさいひつじが」	マタイ18:12-14／ルカ15:1-7	詩編23／ヨハネ10:11-16／1ペトロ2:25／黙示録7:17
56「むぎのたねまきます」	マタイ13:3-9／マルコ4:3-8／ルカ8:5-8	マタイ13:18-23／マルコ4:14-20／ルカ8:11-15／1コリント3:6
57「たびのとちゅうで」	ルカ10:25-38	申命記6:5／レビ記19:18
58「どんなにちいさいことりでも」	マタイ6:26、28-29	詩編103:5／イザヤ書40:6-8

59「コップのみずや」	マタイ13:33, 10:29-30／マルコ6:34-44	マタイ14:13-21／ルカ9:10-17, 13:20, 12:6-7／ヨハネ6:1-14
60「しゅイェスはまことのぶどうのき」	ヨハネ15:1-10	詩編80:9-12／イザヤ5:1-6
61「ガリラヤのむらを」	マルコ10:13-16	詩編131:2-3／1ペトロ2:1-2
62「サウロよ」	使徒言行録9:1-19, 13:1-3, 9-10	ガラテヤ1:13-24

44　アブラハム、アブラハム　ABRAHAM, ABRAHAM

　この賛美歌は、主の言葉に従って旅立つアブラハムに題材をとっています（創世紀12：1～3）。彼は父や兄弟と共にカルデアのウルを出てハランに住み、カナン、ネゲブ地方、エジプトにまで足をのばします。その長い旅の間アブラハムを支えたのが、神からのこの祝福の言葉でした。

　改革派の伝統を強く受け継ぐオランダは旧約聖書に重きをおきます。近年、オランダは、新しい賛美歌を創作することに積極的で、優れた賛美歌がたくさん生まれています。この歌は、こどもたちの聖書の教育の場から生まれました。

　作詞者はユトレヒト生まれの詩人**ハンナ・ラム** Hanna Lam (1928-88) です。彼女は、同じくユトレヒト生まれの教会音楽家**ヴィレム・テル・ブルク** Willem ter Burg (1914-95) と共同して *Alles Wordt Nieuw: Deel II ; Bijbelliederen voor Jeugt*（『青少年のための聖書の歌』1968）を出版しました。ここに収められた賛美歌は、教派や、国、世代を越えて、多くの人に愛好され歌われています。日本語訳は、ディトハルト・ツィルズによる "Abraham, Abraham, verlass dein Land" というドイツ語訳で、*Evangelisches Gesangbuch** (1993) に収録された版より作られました。

　この賛美歌は、主の言葉の部分と、それに応答する答唱の部分から構成されています。答唱は曲の始め、節と節の間、終わりに歌います。主の言葉の部分は独唱や聖歌隊によって歌い、会衆がそれに応答して歌うことも可能で

す。旧約の物語を生き生きと、今日の物語として再現してくれます。(TS)

*Evangelisches Gesangbuch (1993)……ドイツ福音主義教会の賛美歌集。

45　たびにつかれて　JACOB'S LADDER

「ヤコブの夢」(創世紀28：10〜22)を歌った「聖書の歌」で、天地をつなぐ長いはしごを数えきれない信仰の友たちが登って行く、殉教者たちも預言者も登ったはしごを私たちも登ろう、と歌います。天へのはしごを信仰の友たちが登っていくという、動きのある情景が織り込まれている点で、聖書の歌の中でもユニークな存在と言えるでしょう。『讃美歌第二編』(1967) 181番の「のぼろう、のぼろう」という霊歌も同じ聖句を土台としていますが、別の賛美歌です。

"As Jacob with travel was weary one day" という英語原歌詞とJACOB'S LADDERとの組み合わせは、現在わかっている限り *Christmas Carols, New and Old* (London, 1871) が最初ですが、歌詞についても曲についても詳細は不明です。

曲はバラードの旋律と推測されていますが、これよりも古い版があるのか、また同じ原型を持つ世俗曲があるのかなどについても不明です。

いずれにしろ、この賛美歌は旧約聖書の物語を親しみやすい形で歌っており、こどもと共に守る礼拝などで、こどもと大人が一緒に歌う賛美歌としてもふさわしいのではないでしょうか。もし各節の言葉が難しければ、こどもたちは「くりかえし」の部分だけを歌い、大人が各節を歌うといった工夫もすることができます。(YY)

46　ナイルのきしの

『こどもさんびか』(1966)の公募で採用された歌詞に、編集委員が作曲した賛美歌です。こどもたちが聖書の物語を覚えるために、特に旧約聖書に関する賛美歌をもっと歌いたいとの願いから、モーセの一生を歌う賛美歌が生

まれました。

作詞者**小林悦子**(こばやしえつこ)(1930-)はクリスチャンホームのこどもとして大阪で生まれ、日本基督教団大阪福島教会で幼児洗礼を受けました。そして、幼い頃から母の読み聞かせや父の歌う賛美歌に親しんで育ちました。旧制神戸女学院専門学校英語科を卒業後、ガリオア(Government Appropriation for Relief in Occupied Area)資金による留学生の第一期生として最年少でアメリカへ留学し、ウィスコンシン大学、アーラム・カレッジで学び、1年後に帰国しました。帰国後、小林哲夫牧師と結婚。幼稚園教諭の資格を取得し、夫の東京での開拓伝道を助け、桜台教会、桜台幼稚園を設立しました。また、聖学院アトランタ国際学校の設立にも尽力しました。『キリストのユーモア』(創元社)などの著書があります。

作曲者**松田孝一**(まつだこういち)(1906-97)は石川県出身の音楽家です。早稲田大学に学んだ後、アメリカのウェストミンスター・クワイア・カレッジに学びました。聖学院中・高校で長年にわたって音楽を教え、その間YMCA聖歌隊を指揮し、『新選クワイア合唱曲集』他を出版しました。またこどもさんびか委員として『こどもさんびか』(1966)の編集に参加し、後に「こどものさんびか同人会」の同人として『こどもとおかあさんの歌』(龍吟社、1978-80)の出版に参加し、独特の優しさのこもった作品を残しています。1997年春、『讃美歌21』の出版を待つようにして天に召されました。(AS, YS)

47 ちいさいこどもの SAMUEL

この曲は、サムエル記上3：1〜10の有名な物語「少年サムエルが神さまからの声に応える」物語を歌にしたもので、『こどもさんびか』(1966)から採用されました。

2節ではサムエルをこどもたちの現実に引き寄せて、「神さまのよぶ声聞こえます」と、私たちもまたサムエルと同じように神さまに応えることができる関係にあることを歌っています。

(おわりに)の「　」の中は、サムエルが応えたように、「しもべはききます。主よ、おはなしください」と歌う者の姿勢を表すように歌いたいものです。

作詞者**北村宗次**については**11番**を参照。

作曲者**山元富雄**(やまもととみお)(1941-)は京都市出身、東京藝術大学音楽学部器楽科、同大学院で学び、東京交響楽団、東京都交響楽団のトロンボーン奏者を長年務め、アマチュア・オーケストラの指揮、指導や、作曲、編曲等にもたずさわっています。

すらすらと旋律が与えられたというこの曲は、こどもたちが歌いやすいように同じような音型を反復しています。またサムエルの名前が印象づけられるように、下行音階を使って主のよびかけを表しているということです。私たち自身の決断を表す(おわりに)の部分にも歌いやすい音階が使われています。サムエルの信仰にならい、素直な気持ちで歌いましょう。(YS)

48　おそいくるライオン

少年のころのダビデの物語を歌う賛美歌です。歌詞、曲ともに公募作品から『こどもさんびか』(1966)に採用されました。『こどもさんびか改訂版』に引き継がれましたが、1節の「雄々しく」を「元気な」に変更しています。

作詞者**西川和子**(にしかわかずこ)は応募当時、東京・日本基督教団豊島岡教会で教会生活を送っていました。『こどもさんびか』のための公募に、聖書の物語を中心とした数多くの作品を応募しています。応募に際し、「自然に浮かんでくる歌をだまっていられなくなって応募します」と述べています。この時の公募では、多くの応募者が複数の作品を応募していて、合計で425編の歌詞が寄せられました。「おそいくるライオン」はその中でもミーターやアクセント、口語の使い方などの点で優れた作品として、『礼拝と音楽』1967年1月号で紹介されています。

作曲者**森野真喜子**(もりのまきこ)(1916-1993)は山梨県で生まれ、静岡英和女学院、ランバス女学院(後の聖和大学、2009年に関西学院と合併)を卒業しました。神奈川県で中学校音楽教師を務めた後、千葉・佐原教会で佐原めぐみ保育園の設立にたずさわり、主任保育士として35年間働きました。その間、母校静岡英和女学院校歌を作曲しています。『こどもさんびか』の入選歌詞が発表された時、「おそいくるライオン」がこどもたちに伝えるよいメッセージとして

作曲者の心に響きました。「ダビデの勇敢さ、優しさを伝える歌詞を、こどもたちが元気に口ずさめるように」との思いで、保育園のこどもたちや家族と一緒に歌いながらできあがった曲です。ダビデさんへのあこがれを描きつつ歌ってほしいという願いが込められています。(AS)

49　かみさまは　そのひとりごを　HITORIGO

　この歌はヨハネ3：16の有名な言葉をそのまま詞にしたものです。
　『こどもさんびか』(1966) が編集された際に、この聖句の賛美歌として作られたのがこの詞です。作詞者**由木康**(ゆうきこう)(1896-1985) は日本の賛美歌界を指導した牧師、賛美歌学者です。鳥取県出身、関西学院大学文学部を卒業して上京、東京二葉独立教会（現・日本基督教団東中野教会）牧師に就任、その後50年にわたって同教会で牧師を務めました。その間、『讃美歌』(1931)と『讃美歌』(1954) の改訂・編集に携わり、青山学院神学部、東京女子大学、フェリス女学院短大音楽科などで賛美歌学、礼拝学、キリスト教学などを講じました。第2次世界大戦後は、日本基督教団常議員、讃美歌委員長などの要職を歴任しました。個人聖歌集『聖歌』、『竪琴』、『イエス伝詩画集』、『基督教礼拝学序説』、『礼拝学概論』、『讃美歌略解 歌詞の部』、『讃美の詞と音楽』その他、説教集や歌集など多数の著書があります。
　彼は中学3年の時に最初の賛美歌を書き、その後多数の賛美歌を作詞また訳詞しました。彼の創作歌、翻訳は現在でも大変評価が高く、親しまれているものも多くあります。
　作曲者**小山章三**(こやましょうぞう)(1930-) は、実業学校生時代に、当時教会のなかった長野県丸子町で開かれた家庭集会で初めて賛美歌と出会い、1963年に受洗しました。国立音楽大学卒業後、玉川学園高等部、国立音楽大学で教鞭をとりました。この曲について「由木康先生の推薦によって作曲させていただいた『こどもさんびか』の一曲です。由木康先生の詞のなかに、リズムと旋律がすでにあったとしか思えないほど、詞を読むわたしはごく自然にこのメロディーを口ずさんでいました。わたしはただそれを書き記しただけです」と書いています。曲は各段3小節でABA'の形をとっています。特に2行目は

言葉を大切に歌ってください。

　この賛美歌は、まったく無駄のない簡素な言葉で聖句の意を表しています。小聖書といわれるこの聖句をかみしめるように味わって歌いましょう。(YS, MH)

50　ヨセフのいいなづけ　ANNUNCIATION

　この詞は、**グレイシア・グリンダル**Gracia Grindal (1943-) によるものです。彼女は、ルーテル神学校で学んだ後、ミネソタ州セント・ポールにあるノースウェスタン神学校で牧会学を教えています。自作の賛美歌や賛美歌の翻訳を集めた*We Are One in Christ* (1997) という本を出版しています。ルーテル派の賛美歌*Luheran Book of Worship* (1978) や合同メソジスト教会の賛美歌*The United Methodist Hymnal* (1989) の編集にも協力しました。「荒れ地よ、喜べ」(『讃美歌21』173番)、「ひとつぶのからし種のよう」(『讃美歌21』199番) の作詞者でもあります。

　作曲は、**ラスティー・エドワーズ**Rusty Edwards (本名はHoward M. Edwards, III、1955-)。ノースウェスタン神学校を卒業して、按手を受けたルーテル派の牧師です。賛美歌の作詞家でもあり、たくさんの本を出版しています。グリンダルとエドワーズは共同で20の歌を作っていますが、これはその2番目のものだそうです。曲名のANNUNCIATIONは、この歌がマリアへのお告げ(英語で"annunciation")を歌うものであることから付けられました。

　マリアへのお告げ(ルカ1:26〜38)を歌うもので、天使ガブリエルの言葉(1〜2節)に戸惑うマリアの気持ちが、3節にはよく表されています。原詞では、マリアの驚きが、最終節でも歌われています。これに対し、天使は、このお告げが「うれしいしらせ」であること、マリアと「共に神がおられる」ことを強調しています。

　ソロや聖歌隊で、天使、マリア、語り手など、役割を分けて歌ってもいいでしょう。マリアへのお告げを主題とする礼拝やページェントで歌うことができます。(RM)

51　おなかのすいたイエスさまに

　作詞・作曲者の小林光（こばやしひかる）(1960-)は宮城県に生まれ、東京神学大学大学院修士課程修了後、東京・日本基督教団浄風教会、山口・萩教会、愛知・熱田教会で牧会しています。2013年からは名古屋学院名古屋中学校・高等学校の学院長を務めています。各地でギター、ハーモニカ、オカリナを用いた賛美集会を行っています。

　この賛美歌は浄風教会教会学校の夏期学校で、「荒野の誘惑」がテーマだった際のテーマソングとして作られました。口語訳聖書から新共同訳聖書にかわった時に歌詞の一部が変更され、また、曲にも一部変更が加えられて、現在の形になっています。「"イエスさまはゆうわくにうちかって言いました"という歌詞が1〜3節を通して出てきます。この強調点を心にとめながら、イエスさまをほめたたえ、あくまに負けないように歌いましょう」という作者からのメッセージが寄せられています。(AS)

52　しゅイエスは　でしたちを

　作詞者**田中のぞみ**については**17番**を参照。

　イエスの十二弟子の中には、聖書に何度も登場する人物もいれば、1、2回しか登場しない人物もいます。作詞者は、どうしたら全員の名前を覚えられるのだろうかと考え、思いついたのが「歌」にすることでした。弟子たちの名前はマタイによる福音書とマルコによる福音書に準じています。

　『こどもさんびか改訂版』の編集時、委員たちは応募されたこの歌詞をさまざまな曲にのせて実際に歌ってみました。その中で、「気のいいあひる」として知られているこのボヘミア民謡の旋律がぴたりとはまり、この曲と組み合わせて収録されることになりました。作詞者によれば、「アルプス一万尺」「線路は続くよどこまでも」でも歌えるとのことです。

　十二弟子の名前を覚えることもたいせつですが、その弟子たちが何をしたのかを知ることがよりたいせつです。特に、聖書に何度も登場する弟子については、何をした人物なのかを思い出しながら歌うと良いでしょう。また3

節を忘れずに歌うようにしたいものです。(AS)

53　ペトロは

　作詞者**相馬恵助**（そうま けいすけ）(1919-2000) は、埼玉県に生まれました。牧師であった父の任地の都合で東北地方を転々としながら育ち、旧制東奥義塾中学校を卒業後、青山学院神学部へ進み、牧師になりました。オルガニストの奥田耕天からオルガンの手ほどきを受けています。東京・日本基督教団野方町教会牧師としての働きを長く担いました。また、日本基督教団讃美歌委員を務め、日本基督教団教育委員会こどもさんびか委員長として『こどもさんびか』(1966)編集に尽力しました。「『讃美歌』であれ『こどもさんびか』であれ、讃美歌というものを一貫した立場で考え、取り扱うべき時にきているのではないか。(中略) 教団全体の讃美歌を総合的に取り扱うことのできるような機構の整備がなされることを願ってやまない」(『礼拝と音楽』1966年10月号巻頭言)と記しています。のちに、『こどもさんびか』は日本基督教団讃美歌委員会の管轄となり、現在に至っています。

　この賛美歌は、『こどもさんびか』に聖書の歌を充実させたいとの方針のもとに作詞されました。作者の「将来もっと充実させていきたい」(『礼拝と音楽』1967年1月号)という願いが受け継がれ、『こどもさんびか改訂版』では「聖書の歌」の項目に19の賛美歌が収録されています。

　作曲者**F・ジョリー** F. Jolleyについての詳細は不明です。(AS)

54　ガリラヤのかぜかおるおかで　　GARIRAYA NO KAZE

　作詞者**別府信男**（べふ のぶお）(1913-2003) は高知県生まれ。中学校で教諭を30年以上務めた後、東京キリスト合同神学院でヘブライ語講師を務めました。基督教児童文化協会の会員でもあり、こどものための歌をたくさん作っています。この詞は、『ともに歌おう』(1976)の公募から選ばれたものですが、1973年に中高生キャンプの指導者として参加したときに書かれたとのことです。

　作曲者**蒔田尚昊**（まいた しょうこう）(1935-　) は、冬木透（ふゆき とおる）の名でも知られ、『ウルトラセブン』

や『帰って来たウルトラマン』の音楽を作曲したことでも知られています。エリザベト短期大学作曲科、国立音楽大学作曲科に学び、桐朋学園大学音楽学部教授として、教育に当たりました。放送のための音楽の他、合唱作品、ことに児童合唱のために作品を多く作曲しています。GARIRAYA NO KAZE は、この詞のために書かれました。

　イエスがその生涯の間に語った「みことば」を、それぞれの場面を思い起こしながら歌うように作られています。ガリラヤでの宣教（1節）、波を静めた奇跡での言葉（2節）、十字架からの招き（3節）、復活顕現での語りかけ（4節）と、弟子たちのように、イエスと共に旅をしてその声を聞き、親しく接しているような気持ちにさせてくれます。各節の終わりに置かれた「わたしにもきかせてください」というくりかえしが、今日、ここで、恵みに満ちたいのちのみ言葉を聞きたいという願いを率直に表現しています。

　「めぐみの」「ちからの」「すくいの」「いのちの」の言葉に当てられた付点八分音符と十六分音符が、その前からの6度の跳躍と相まって、この歌のクライマックスを形づくっています。また、第1小節に置かれた八分休符が効果的で、詞を適切に歌うことを可能にしています。

　なお、2節は『こどもさんびか改訂版』にあるように「でしたちをさとされた」が正しいので、こちらで歌うようにしてください。

　聖書朗読の前、また、クリスマスとレントの間、イエスの生涯とその宣教を思い起こす時期に適切な歌だと言えます。（RM）

55　ちいさいひつじが　SALVATORI（ENDSLEIGH）

　この歌は古くからこどもの賛美歌として歌われてきた「聖書の歌」です。マタイ18：12～14、ルカ15：1～7に記されている「見失った羊」のたとえの物語を童話化した歌です。

　作詞者**アルバート・ミッドレーン** Albert Midlane (1825-1909) は、イギリス・ワイト島に生まれ、金物商として生計を立てていました。1842年以来、彼は800曲以上の賛美歌を書き、それらは日曜学校、リヴァイヴァル、伝道集会などで大いに歌われました。

作曲者は**サルヴァトーレ・フェレッティ** Salvatore Ferretti (1817-74) です。イタリア出身ですが、長くロンドンに住み、*L'Eco di Savonarola*という雑誌を編集・刊行していました。

　SALVATORI (ENDSLEIGH) は、1850年にロンドンで出版された*Inni e Salmi ad uso dei Christiani d'Italia*から採られた曲です。ジェームズ・タール* James Turle (1802-82) が旋律を補足して*Psalm and Hymns* (1867) に収録したのが現在の形です。フェレッティは後にフローレンス地方へ戻り、プロテスタントの孤児院を設立しました。

　この賛美歌は、日本では『日曜学校讃美歌』の改訂増補版 (1928) に収められ、さらに1950年の『日曜学校讃美歌』復刻版で、当時としてはめずらしく口語文の歌詞に手直しされて収録されました。大正、昭和の時代に一世を風靡した音楽評論家の堀内敬三 (1897-1983) の名訳です。

　この曲はAABAの形に整えられていますのでとても歌いやすい歌と言えるでしょう。朗読をするように歌ってください。Bのところに転句が置かれていて、それに伴う曲の発展があり、最後のAで羊の状態を表すように結ばれています。伴奏譜を見ると、第4句のAの曲には1、2句と違った和声づけをして終止を印象づけています。

　長年にわたって愛されてきたこの賛美歌は、『讃美歌21』『こどもさんびか改訂版』に引き継がれてこれからも歌われることでしょう。(YS)

*ジェームズ・タール……ロンドンでウェストミンスター聖堂のオルガニストを務めたイギリス人です。多くのアンセムやチャントを作曲し、賛美歌集の編集・出版もしています。

56　むぎのたねまきます

　種をまく人のたとえ (マタイ13：3〜9、マルコ4：1〜9、ルカ8：4〜8) を歌う賛美歌です。

　作詞者**福田憲之**(ふくだのりゆき)(1911-2004) は香川県に生まれ、香川県立工芸学校在学中、美と善との問題から人生と宗教を考えるようになり、伝道説教者木村清松 (1874-1958) の特別集会でキリスト者となり、同時に伝道者となる決意をし

ました。聖書学舎(現・関西聖書神学校)を卒業後、愛知県内、東京浄風園病院などで開拓伝道を行いました。戦時中は兵役に服し、戦後は香川・日本基督教団坂出教会牧師を務めています。各種の賛美歌公募に入選し、『こどもさんびか』(1966)、『讃美歌第二編』(1967)に作品が収録されています。

　作曲者**岡本敏明**(おかもととしあき)(1907-1977)は日本組合教会牧師岡本松籟の次男として宮崎県に生まれ、東京高等音楽学院(現・国立音楽大学)で作曲と音楽教育学を専攻、卒業後は母校及び玉川学園で教鞭をとりました。1931年以降は東京・弓町本郷教会のオルガニスト兼聖歌隊長を務め、日本基督教団讃美歌委員会の讃美歌改訂委員として『讃美歌』(1931)の改訂に参加、その後は同委員会の音楽専門委員として、教会音楽の発展に貢献しました。合唱曲、学校用唱歌、賛美歌曲を多数作曲し、日本合唱連盟理事長、国立音楽大学教授及び理事その他の要職を歴任しました。

　大きな跳躍のないなめらかな旋律ですので、おはなしを語るように歌うとよいでしょう。「ぱら　ぱら　ぱら」を歯切れよく歌うと印象的です。(AS)

57　たびのとちゅうで

　作詞者**田中のぞみ**については**17番**を参照。歌詞は、『こどもさんびか改訂版』のための公募作品から採用されました。

　作曲者**末吉保雄**(すえよしやすお)(1937-　)は東京都出身の作曲家です。東京藝術大学音楽学部、パリ・エコールノルマル音楽院作曲科を卒業後、東京藝術大学、桐朋学園大学などで教鞭をとりました。1996年以降は、作曲、音楽論考執筆、現代音楽普及活動に専念しています。『讃美歌21』のCD制作に参加し、『こどもさんびか改訂版』では作曲家として校閲を務めました。日本基督教団讃美歌委員会主催のキリスト教音楽講習会講師としても長年尽力しています。作曲者は、「"いったいだれがとなりびと？"の詩句への感動が、制作の推進の源となった」と語っています。物語が続いていくことを暗示するような伴奏も作曲者自身によるものですが、これに限らずさまざまな伴奏が可能なようにメロディを整えたということです。

　1～3節の終わりに、それぞれ祭司、レビ人、サマリア人による台詞を入

れて、小さな劇にすることもできます。(AS)

58 どんなにちいさいことりでも　DONNANI CHIISAI

　マタイ6：26, 28〜29、ルカ12：6, 24〜28のイエスの言葉を歌にしたものです。

　「人のいのちは地球よりも重い」という言葉がありますが、イエスはこの真理を、いのちのあるすべてのものに広げています。そこには優劣の差はなく、等しく神の愛の対象であり、その枠からだれひとり洩れていない、というのです。

　この歌は「　」の中の言葉をイエスが直接いわれた言葉として強調し、神とわたしたちの関係、いのちあるものを愛される神を表現しています。このところを詞のなかでは「『……くださる』って」と表現することによっていっそう明瞭にイエスの言葉を印象づけています。音楽的にも作曲者はこれを見事に表現しています。

　作詞者の菅千代(すがちよ)(1926-　)は牧師の伴侶として、長年保育園、幼稚園教育にたずさわり、仙台の尚絅短大保育科教授を務めました。その経験から、幼いこどもたちが自分の言葉で歌えるようにと、また、教師・親として、こどもに言い伝える言葉として、思いをこめてこの詞を作った様子がうかがわれます。

　作曲者廣瀬量平(ひろせりょうへい)(1930-2008)は北海道大学、東京藝術大学を卒業し、京都市立芸術大学、同志社女子大学、東京藝術大学等で教鞭をとりました。作曲では《尺八とオーケストラのための協奏曲》で尾高賞、合唱組曲《海鳥の歌》で芸術賞優秀賞を受賞しています。学生時代、日本基督教団札幌北光教会で教会生活を過ごし、そのときに聞いた教会学校のこどもたちが歌う歌声を思い出しながらこの詞に作曲したということです。「私の作品が『讃美歌21』に入ったことによって、昔の美しい曲が除かれたのではないか」と謙遜な心配をしておられる作曲者のやさしい心が、旋律の中から聞こえてくるようです。(YS)

59　コップのみずや　SMALL THINGS

　作詞者**シャーリー・マレー** Shirly Murray（1931- 　）はニュージーランドの南島インバーカーギルに生まれました。彼女の賛美歌は世界中の100以上の歌集に収められ、いくつかの言語に翻訳されています。彼女の賛美歌のテーマは、教会の一年、人権、環境保全、女性に関すること、平和などと、多岐にわたっています。彼女は自身の創作活動のほか、New Zealand Hymnbook Trustのメンバーとしての働きを通して、ニュージーランドの賛美歌の発展に貢献してきました。また、台湾の民族音楽学者駱維道博士と協働して、*Sound the Bamboo* (1990, 2000) のためにアジアの賛美歌を英語に翻訳（パラフレーズ）しています。こうした活躍が高く評価され、2001年にはニュージーランド・メリット勲章を授与されたほか、イギリス王立教会音楽院の特別研究員 (2006)、アメリカ・カナダ賛美歌学会の特別会員 (2009) となり、オタゴ大学から名誉博士号を受けています。

　作曲者**ジリアン・M・ブライ** Jillian M. Bray（1939- 　）はニュージーランドの作曲家です。彼女の賛美歌曲の多くはシャーリー・マレーの歌詞につけられたものです。New Zealand Hymnbook Trustのメンバーとして、18年間音楽の編集主任を務めました。この賛美歌が収録されている *Alleluia Aotearoa*(1993) は、彼女の在任中に編集・発行されたものです。賛美歌曲の作曲家として知られていますが、ピアノ教師としてこどもたちのために多くの曲を作曲してきました。また、友人たちのためにピアノ曲やオルガン曲、器楽合奏曲なども作曲しています。

　この賛美歌 "Small things count" は、どんなにちいさなものでも神さまにとってはとても大きく大切なもので、神さまはそれらを育て、愛してくださることを歌います。こどもたちへの指導の経験から生まれた、とてもやさしい旋律です。(AS)

60　しゅイェスはまことのぶどうのき

　歌詞は『こどもさんびか』(1966) への応募作品です。作詞者**山田忠博**は応

募当時、東京・日本基督教団豊島岡教会で教会生活を送る青年でした。ヨハネ15：1〜8を歌う賛美歌です。『こどもさんびか改訂版』に引き継がれるにあたり、教会や社会の「こども観」の変化に対応するため、わずかに改変を行っています。

　曲のところどころに大きな跳躍がありますが、耳になじむやさしい旋律です。作曲者冨岡正男(とみおかまさお)(1909-2007)は、東京高等音楽学院本科作曲部を卒業後、自由学園、帝国女子医専、新島学園、群馬県立盲学校、東洋英和女学院などで教鞭をとりました。また、「こどもはかぜのこ」などのこどもの歌をはじめ、管弦楽曲、カンタータ、オペレッタ(『イエスさまのおたんじょう』)、合唱曲、オルガン曲、ピアノ曲なども多数作曲し、KAY 合唱団の指揮者、日本基督教団教育委員会こどもさんびか委員として『こどもさんびか』(1966)の音楽担当を務めました。東京 YMCA の野尻湖キャンプに長い間たずさわり、多くのキャンプソングを生み出しました。「今日のわざ」(作詞・作曲)に代表されるそれらの歌は「トミソング」と呼ばれ、多くの人々に親しまれてきました。2008年に亡くなった時、多くのキャンパーたちに惜しまれて送られました。(JT, AS)

61　ガリラヤのむらを　CHILDHOOD

　この賛美歌は『讃美歌第二編』(1967)に収録されていた同名の歌を口語で改訳したものです。"It fell upon a summer day"(ある夏の日に)という英語原歌詞は、イギリスの神学者、文学者の**ストップフォード・A・ブルック** Stopford Augustus Brooke (1832-1916) が、「こどもを祝福するキリスト」(マタイ19：13〜15)に基づいて書いたものです。最近の英米圏の歌集にはあまり見当たらなくなりましたが、幼児祝福の歌として、またキリストとこどもたちが触れあう一場面を歌った聖書の歌として、『讃美歌21』では貴重な賛美歌です。『こどもさんびか改訂版』にも採用され、こどもと大人が一緒に歌える賛美歌になりました。

　この日本語訳は、少なくとも8節はある英語原歌詞を5節にまとめたもので、『讃美歌第二編』(1967)の4節版にはなかった、イエスがこどもたちを

祝福する場面が聖書の記述に沿って加えられ、キリストを慕って集まるこどもたち同様に大人も祝福に招かれているのだというメッセージがより明確にされました。またすっきりとした口語訳によって物語のイメージが鮮明になり、この歌の特長であるストーリー性がはっきり伝わってきます。こどもと共に守る礼拝などを含む幅広い用途が考えられます。

　作詞者のブルックはアイルランドで生まれ、ダブリンのトリニティ大学で教育を受けた後、国教会聖職者となりました。ドイツ駐在イギリス大使館付きチャプレンを務め、1867年にはヴィクトリア女王に仕えました。女王は彼をウェストミンスター大聖堂の参事会議員に任命しようとしましたが、国教会の教義に反対していたため果たされませんでした。彼は1880年にユニテリアン（三位一体の教義を否定し、神のみの神性を認める教派）に転じて批評活動と著作に専念し、古代や中世英文学の研究家として名声を得ています。この賛美歌は *Christian Hymns* (1881) に、「おさなごを祝福されるキリスト」という題で収録されています。

　CHILDHOODはイギリスの教会音楽家**ヘンリー・W・デーヴィス** Henry Walford Davies (1869-1941) の指導の基に、アベリストウィスにあるウェールズ大学学生グループによって作曲され、*A Students' Hymnal* (1923) という歌集に収録されました。数人の合作ですが、序文に「……最終的には編集者が一人で責任を負うべきものである」とデーヴィス自身が記していることから、作曲者として彼の名前が挙げられています。

　デーヴィスはウィンザーの聖ジョージ礼拝堂の聖歌隊員として音楽教育を受け、王立音楽学校でヒュバート・パリー* Charles Hubert Hastings Parry (1848-1918) やチャールズ・V・スタンフォード** Charles Villiers Stanford (1852-1924) に学びました。1895年には対位法の教師として母校に戻り、いくつかの教会オルガニストのポジションを歴任した後、1926年にはウェールズ大学の音楽教授、そして1934年にはエルガーの後任として王室音楽家となっています。教会用合唱曲集や賛美歌集などを編纂し、ハーヴィー・グレースとの共著で *Music and Christian Worship* (1928) などの著書があります。(YY)

*ヒュバート・パリー……オックスフォード大学で学んだ19世紀イギリスの作曲家です。ジョージ・グローヴ George Grove の招きで音楽事典 Dictionary of Music and Musicians の編纂に加わり、1894年からはグローヴの後任としてロンドンの王立音楽学校の校長を務めました。また、教師、作曲家としてだけでなく、音楽以外の各方面に才能を発揮しました。音楽史・音楽様式についての数多くの著書、オーケストラやオペラ、オルガン曲、賛美歌曲等多くの作品を残しています。

**チャールズ・V・スタンフォード……ダブリンに生まれてロンドンで没した作曲家です。彼は王立音楽学校やケンブリッジ大学の教授として作曲を教えるかたわら、バッハ合唱団やリーズ・フェスティヴァルなどの指揮者を務めました。その門下からは、ヴォーン ウィリアムズやハウェルズなどの優れた作曲家が育っています。(YY)

62 サウロよ

キリスト者を迫害していたサウロがイエスと出会い、生き方を変えられ、パウロと名を改めてイエスを伝える者となっていく物語を歌います。

作詞者対馬美恵子(つしまみえこ)は1981年の教会学校音楽講習会（1979年から1983年まで、キリスト教音楽講習会と同時開催）の受講生でした。この歌詞は講習会の期間中に作詞され、『こどもさんびか2』(1983)に採用されました。

作曲者福田和禾子(ふくだわかこ) (1941-2008) は東京都に生まれ、東京藝術大学作曲科卒業後、こどもの歌の作曲を中心に活動しました。「北風小僧の寒太郎」「そうだったらいいのにな」「赤鬼と青鬼のタンゴ」など、1000曲以上の作品を残しました。「サウロよ」は『こどもさんびか2』のための委嘱作品です。

1小節を2拍にとらえて落ち着いたテンポ感で歌うと、「サウロよサウロ」「わたしは主である　さあ行け」というイエスの言葉が引き立ちます。(AS)

4 教会の一年

　教会暦にそって教会の一年をたどります。教会暦では、待降節・アドヴェントから一年が始まります。そしてクリスマスを迎え、イエスさまの生涯をたどり、受難と復活を追体験し、聖霊降臨日・ペンテコステから教会の時代をたどって、一年を終わります。34もの教会暦に関する賛美歌が収められており、『こどもさんびか改訂版』の大きな柱となっています。

　伝統的な教会暦のほかに、私たちにとって大切な特別な日、年末年始、平和聖日、収穫感謝日に歌う賛美歌、朝・夕の歌やキャンプの歌なども収められています。

教会の一年

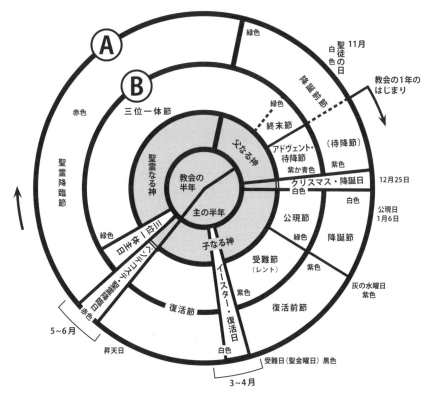

A……聖書日課編集委員会（日本キリスト教団出版局）が使用している教会暦
B……伝統的な教会暦

　教会の一年（教会暦）の祝日や季節（期節）は教派や時代によって呼び方が少しずつ異なります。図の中に記された色は、礼拝堂の中の布や花、身につけるものなどに象徴的に使われる色（典礼色）です。典礼色にはさまざまな伝統や考え方があります。必ず守らなければならない決まりとしてではなく、礼拝をゆたかにするための工夫の一つとして用いるとよいでしょう。

63　ふねがきます

　作詞・作曲者の**佐久間彪**については**40番**を参照。

　船が教会のシンボルであるということはよく知られていますが、イエスの誕生と船との結びつきは、日本ではあまりなじみがないかもしれません。この賛美歌では、ずっと待っていた救い主がやっと来てくださったことを、船の到着で表現しています。

　ヨーロッパには、クリスマスの朝にイエスとマリアを乗せた船がベツレヘムにやって来たという伝説があり、イギリスにはこの伝説を歌うクリスマスキャロル"I saw three ships"があります。聖書の記述通りの物語ではありませんが、世界の地理が一般の人びとにまだよく知られていなかった時代に、遠い土地「ベツレヘム」のクリスマスの物語を理解しようとした工夫が、こうした伝説として残されています。

　「きます」「います」「マスト」の「す」「ス」は無声音[s]で歌うと自然です。「おわりに」の部分は、赤ちゃんとしてやってくるイエスさまに語りかけるように歌うとよいでしょう。(AS)

64　きりたまえ　われらのしゅよ　SWISS NOEL

　いつの時代にも、どこの国にも、幼子として生まれたキリストを祝う民衆の歌があります。フランス語でクリスマスを意味するノエル Noël は中世に起源をもち、キリストの誕生を祝って歌われる歌です。

　12世紀以来、北フランスのボーヴェの町に、「歳の祝祭日」＝新年に歌われた歌 "Prose de l'âne" が残っています。その日ボーヴェでは、マリアとキリストのエジプトへの避難の物語を劇として演じました。腕に幼子を抱いた女性がろばにのり、人びとはいろいろなクリスマスの民謡や単声聖歌を歌いながら大聖堂まで行進しました。このような習慣が、イギリスの「キャロル」やドイツの「クリスマスの歌」とは一味違う、物語性に富んだフランス独特のクリスマスの歌「ノエル」を生んでいきました。また各地で、その地方の方言を用いたノエルも生まれたのです。

17、18世紀には、このノエルの旋律を用いたオルガンのための変奏曲が多く作曲されました。特にクリスマス・イヴの深夜ミサで、オルガニストは多彩な音色を駆使し、ノエルによる演奏を繰り広げました。これらの作曲家を「ノエリスト」と呼びます。代表的な作曲家は、ダカン、ダンドリュー、バルバートル等です。

　SWISS NOEL という曲名のこの旋律は、スイスのフランス国境近くの地域で16世紀から歌われていました。原詞は"Ô Dieu de clémence"といわれていますが、民謡の常として歌詞は変わっていきます。『讃美歌第二編』(1967)では、当時フランス大使館に勤務していたJ・カンドウ Jacques Candeau の詞を用いましたが、『讃美歌21』では原歌詞を基に、アドヴェントに合うようにやさしく翻案した歌詞にし、『こどもさんびか改訂版』にも採用されました。(TS)

65　しゅをまちのぞむアドヴェント
WIR SAGEN EUCH AN DEN LIEBEN ADVENT

　私たちは、クリスマス前の4回の主日を「準備の期節」として守ります。アドヴェント（待降節）です。北国では日が短くなり、朝、太陽が昇るのは遅くなり、夕方、早々と日は落ちます。しかし冬至を境に、だんだんと太陽は光を増していきます。キリストが太陽にたとえられ、冬至の祭りとクリスマスが結びついたのもうなずけることです。

　アドヴェントを守る習慣に、アドヴェント・クランツがあります。緑の樅の木で作ったクランツ（環）に4本の赤いろうそくを立てて週ごとに1本ずつ火をともしていくという象徴的な風習で、これはまさにその様子を歌った賛美歌です。

　ドナウ河畔の古い美しい町、メルク出身の詩人**マリア・フェルシュル** Maria Ferschl (1895-1982) によって、この詞は生まれました。ウィーンで教師を務め、多くの年月をこどもたちと共に過ごした彼女ならではのまなざしが、歌詞から感じられます。各節は福音書からのアドヴェントの記事を歌い、「主の民よ、よろこべ。主は近い」と応答します。

この歌詞には多くの作曲家が旋律をつけましたが、**ハインリッヒ・ロール** Heinrich Rohr (1902-97) のこの旋律がよく知られています。ロールは南ドイツに生まれ、マインツで教師を、後にカトリックの教会音楽学校の校長を務め、多くの教会音楽家を育てました。

こどもたちとともに、主の降誕を待ちながら、教会や家庭でろうそくを点火する行事にふさわしい賛美歌です。(TS)

66　おとまりください

作詞・作曲者の**柳多恵子**(やなぎたえこ)(1947-　)は恵庭教会(北海道開拓団櫻森開拓者キリスト者共同体)で牧師の子として生まれました。遺愛女子高等学校、農村伝道神学校を卒業。柳幸三郎牧師と結婚し、各地の教会付属幼稚園・保育園等での働きを30年間務め、教会学校教師としても約50年にわたって奉仕しました。

この賛美歌は1980年、富山・日本基督教団福光教会幼稚園での聖誕劇の劇中歌として作詞・作曲されました。こどもたちとの対話の中から着想を得て、歌いやすい形を模索して少しずつ変更がなされ、現在の形に整えられました。作者は、聖誕劇が世界の人びととの分かち合いや共通理解を育む原点となること、また、「おとまりください」「おやすみください」と人びとを教会に迎えられるようになることを願っています。(AS)

67　ひつじかいむれを　WINCHESTER OLD

作詞者**ネイアム・テイト** Nahum Tate (1652-1715) はアイルランドで生まれ、1692年には桂冠詩人に任ぜられた詩人です。劇の脚本も多く手がけ、シェイクスピアの悲劇『リア王』をハッピーエンドに改作して一般受けをしたことなどで知られています。宗教改革以後のイギリスでは、詩編を英訳して韻律化した詩編歌が盛んに歌われていました。1549年のトーマス・スターンホールド Thomas Sternhold (1500?-49) とジョン・ホプキンズ John Hopkins (?-1570?) 共編の英語詩編歌集(44の詩編を含む歌詞だけの歌集)が有名でしたが、

テイトはニコラス・ブレイディ Nicholas Brady (1659-1726) と共に *The New Version of the Psalms* (『新訳詩編歌』London, 1696) を出版しました。

　羊飼いへの告知の場面 (ルカ2：8～15) を歌うこの詞は、*A Supplement to the New Version of Psalms* (1700) に初めて現れました。従来からテイトの作とされてきましたが、最近では、テイトの同労者だったブレイディが、一部もしくは共同して作り上げたものといわれています。

　WINCHESTER OLDの作曲者はわかっていませんが、トーマス・エステの *The Whole Booke of Psalmes* (1592) に原旋律が見られます。ここでは、詩編84を歌うための曲として用いられています。

　この歌詞と曲が組み合わされたのは *Hymns Ancient & Modern* (1860) で、以来、多くの賛美歌集でクリスマスの賛美歌として親しまれています。(MH)

68　かいばおけにねむる　CALYPSO CAROL

　作詞・作曲はイギリスの賛美歌作家**マイケル・A・ペリー** Michael Arnold Perry (1942-1996) です。彼はイギリス・ケント州ベックナムに生まれ、ダリッチ・カレッジ、オークヒル神学大学などで学び、英国教会の司祭になりました。教会の牧師、賛美歌集の編集者、大学の講師・チャプレンとして働き、また、英国教会総会議員 (1985, 1994)、the Church Pastoral Aid Society (1993) の議長にも選ばれています。1996年の初めごろから、脳腫瘍のために体を思うように動かせなくなり、同年9月に54歳で亡くなりました。生涯に300以上の賛美歌を創作しました。

　この賛美歌 "See him lying on a bed of straw" は、彼の作品の中でもっとも広く知られています。もともとはペリーがオークヒル神学大学在学中の1964年、大学のクリスマスコンサートのために作詞・作曲した賛美歌ですが、クリフ・リチャードのラジオ番組で放送予定だったほかの内容との差し替えで放送されたことで有名になりました。

　羊飼いたちが喜びにあふれておさなごに会いに行く様子が、リズミカルな旋律で表現されています。しかし、単に救い主の誕生を祝うだけの賛美歌ではなく、4節で、そのおさなごが何のためにお生まれになったかが歌われま

す。4節前半はテンポを落として、くりかえしでもとのテンポの戻る歌い方も効果的です。(AS)

69　かいばおけにすやすやと　CRADLE SONG

　この賛美歌は最初アメリカで広まり、後にヨーロッパへ渡って愛唱されるようになり、そしてカナダやオーストラリアなどにも広がったクリスマスの歌です。イエス降誕の情景が生き生きと描かれており、こどもたちを中心とする礼拝や祝会などにもふさわしい賛美歌で、『讃美歌』(1931)には収録されていました。

　英語原歌詞の最初の2節は、イギリスのオルガニストで教会音楽家ジェルマイア・クラーク Jeremiah Clarke (1674?-1707) の ST. KILDA という曲とともに *Little Children's Book: For School and Families* (Philadelphia, 1885) で現れました。その2年後にジェームズ・マリーが同じ歌詞に自分の曲を付けて、*Dainty Songs Little Lads and Lasses* (Cincinnati, 1887) という歌集に収録し、「マルティン・ルターが自分のこどものために書いた歌で、今でもドイツの母たちがこどもに歌ってあげる歌」という注を付けました。しかしある調査ではその時点までのドイツ歌集にこの歌はなく、「ルターの作」というのは、ルター派の歌集という意味か、ルター派の誰かが書いたものか、もしくはルターが彼のこどものために実際に書いた「天のかなたから」(『讃美歌21』246番) と混同したのではないかと考えられています。いずれにしても、これ以後しばらくルターの作として間違って伝えられるようになりました。第3節も作者不詳の歌詞として *Gabriel's Vineyard Songs* (Louisville, 1892) に現れています。

　この歌はその後サンキーの歌集を通してヨーロッパに渡り、とりわけ日曜学校歌集で広がりました。いろいろな版があるこの歌は、「われらはきたりぬ」(『讃美歌第二編』[1967] 52番) とともに、アメリカが世界のクリスマス・キャロルに貢献した良い例です。

　CRADLE SONG は *Around the world with Christmas: A Christmas Experience* (Cincinnati. etc., 1895) において、編集者ウィリアム・J・カークパトリック

William James Kirkpatrick (1838-1921) の旋律として現れました。この歌詞は40曲以上の曲と組み合わされているようですが、最もポピュラーな組み合わせは素朴で親しみやすいこのCRADLE SONGでしょう。日本ではかつての日曜学校用賛美歌集でも用いられたこともあります。(YY)

70 いざうたえ、いざいわえ　SICILIAN MARINERS

SICILIAN MARINERSは、ヨハン・ヘルダー Johann Gottfried Herderが1788〜89年にイタリアで採譜したものといわれています。彼が編集した *Stimmen der Völker in Lieder* (Tübingen, 1807) に「おとめマリアに寄せて。シチリアの船乗りの歌」と題され、ラテン語の歌詞 "O Sanctissima, O purissima" をつけて収録されました。

しかし、この賛美歌が最初に世に現れたのは、イギリスの *The Europian Magazine and London Review* 誌（22号，1792年11月）でした。ここでは "The Sicilian Mariner's Hymn to the virgin" と題されている以外は何も手がかりはありません。

この旋律は、大西洋をはさんでアメリカ、ヨーロッパ大陸の両方でそれぞれ広がりました。ドイツでは、ヘルダーの友人**ヨハンネス・ファルク** Johannes Daniel Falk (1768-1826) によって1819年に "O du fröhliche" が付けられ、1829年にファルクの同労者**ハインリッヒ・ホルツシュアー** Heinrich Holzschuer (1798-1847) によって2,3節が付されました。ファルクはワイマールに Lutherhof (ルターの家) というこどもたちの施設を作り、ルターを描いたドラマを書きました。"O du fröhliche" はこの中で用いられたもので、クリスマスの賛美歌としてドイツで広く普及しました。英語圏では、閉会の賛美歌 "Lord, dismiss us with Thy blessing" (『讃美歌』[1954] 64番の歌詞) が組み合わされて歌われています。

『讃美歌』(1954) ではO SANCTISSIMA, O PURISSIMAという曲名でしたが、現代のほとんどの歌集にならい、SICILIAN MARINERSという曲名にしました。

アフロ・アメリカン・スピリチュアルの「勝利をのぞみ」(『こどもさんびか改

訂版』134番、『讃美歌21』471番)も、この旋律に由来するといわれています。
(MH)

71　ことりもとびさるふゆのさなか
UNE JEUNE PUCELLE (JESOUS AHATONHIA)

　アメリカのカトリック教会は、16世紀にスペインから渡って来た宣教師たちによって設立され、19世紀にはヨーロッパやラテン・アメリカからの移民を中心に膨大な数に増えました。そして1980年にはアメリカで最大のキリスト教人口を持つにいたっています。宣教活動は早くからなされ、17世紀にはカナダ東部の先住民たちに彼らの言葉で礼拝することが許されました。このクリスマスの賛美歌は先住民の言語の一つであるヒューロン語で書かれたもので、フランス人のイエズス会宣教師**ジャン・ドゥ・ブレビュフ** Jean du Brébeuf (1593-1649) の作と伝えられています。創作された年は不明ですが、1642年ごろには歌われていたのではないかと考えられています。

　やがてイロクォイ族の襲撃によって宣教師たちも殉教しましたが、この歌は生き残ったヒューロンの子孫たちによって歌い継がれ、ほぼ1世紀後に他のフランス人神父によって書きとめられました。そこからフランス語に意訳されて *Noëls anciens de la Nouvelle-France* (『新フランス〔カナダ〕の古いクリスマスの歌』1899) に収められ、ケベックを中心に歌われるようになりました。

　『讃美歌21』『こどもさんびか改訂版』の日本語訳は、このフランス語訳から作られたミドルトン Jesse Edger Middleton (1872-1960) の英語版に基づいており、「森の狩人」や「うさぎ皮にくるまれたみ子」など、先住民の生活感や文化が反映されたユニークなキャロルです。ミドルトンの英語版は *New Outlook* 誌を経て、カナダ聖公会の *Hymn Book* (1938) や *The International Book of Christmas Carols* (『世界のクリスマスキャロル』1963) などに収録されて知られるようになりました。

　UNE JEUNE PUCELLEは16世紀のフランス民謡で、この曲にもともと付けられていた歌詞の初行を採って曲名とされています。VON GOTT WILL ICH NICHT LASSEN (『讃美歌21』478番「どんなものでも」の曲)との類似が指摘

されていますが、シャルパンティエがミサ曲で使ったり、ダンドリューがこれに基づいてオルガン曲を書くなど、多くの作曲家たちが好んで素材とした旋律です。JESOUS AHATONHIAの曲名でも親しまれています。(YY)

72　まきびとひつじを　THE FIRST NOWELL

　軽快でなだらかな美しい旋律で広く親しまれている、イギリスのクリスマス・キャロルです。

　この詞が初めて出版物に現れるのは、ロンドンで出版された*Some Ancient Christmas Carols*(第2版, 1823)です。ここでは、ルカ福音書だけでなく、マタイ福音書の記事にも添った9節の歌詞となっています。

　従来の日本語歌詞は博士たち(新共同訳聖書では「学者たち」)の到来で終わっていましたが、私たちの応答として5節を付加しました。また、「くりかえし」の部分では、原作どおり「ノエル、ノエル……」が用いられています。「ノエル」(英語ではNowell, Noel、フランス語ではNouel, Noël)とは、ラテン語のNatalis(誕生日、誕生)に由来する言葉で、救い主の誕生の喜びを表す叫び・歌です。

　THE FIRST NOWELLの旋律は、18世紀頃に成立したといわれていますが、はっきりとした年代は確定されていません。この歌詞とこの曲が組み合わされたのは、ウィリアム・サンディ編の*Christmas Carols, Ancient & Modern*(1833)で、以来、広く親しまれる歌となりました。曲名のTHE FIRST NOWELLは「第1回めのクリスマス」、すなわち救い主の誕生そのものの知らせを意味しています。

　この賛美歌はクリスマス・キャロルとして有名ですが、むしろ「エピファニー(公現日)・キャロル」として分類されるものでしょう。(MH)

73　あらののはてに　IRIS (GLORIA)

　近世フランスのノエルです。歌詞と曲は18世紀のものと思われ、フランス各地やカナダ・ケベック地方で歌われていましたが、それが刊行物に初め

て現れるのはさらに遅く、*Nouveau recueil de cantiques* (1855) においてです。

イギリスのカトリック司教チャドウィック James Chadwick による英訳 "Angels we have heard on high" や、この曲に組み合わされたジェームズ・モンゴメリー* James Montgomery (1771-1854) の英語歌詞 "Angels, from the realms of glory" などによって、今では世界的にも親しまれるキャロルとなりました。

編曲も多くありますが、大きく分けて2つの旋律があります。1つはマーティン・ショウの編曲、もう1つはエドワード・S・バーンズの編曲です。『讃美歌』(1954) はショウの編曲で、各小節の動きが細かく、8小節めの音型はハ一変ローイとなります。『讃美歌21』『こどもさんびか改訂版』ではバーンズの版を採用しました。8小節めはイートーへとなります。

「くりかえし」の部分の「グローリア　インエクセルシスデオ」は、ルカ2：14a「いと高きところには栄光、神にあれ」のラテン語訳です。

曲名のIRISは上記のモンゴメリーの歌詞が最初に収録された *Sheffield Iris* という定期刊行物のタイトルに、GLORIAは「くりかえし」部分のラテン語に由来しています。(MH)

*ジェームズ・モンゴメリー……モラヴィア派の伝道者の息子として生まれ、同派の神学校に送られましたが、詩の創作に夢中だったため学校をやめて商店に勤めながら文筆活動を続けました。1792年に進歩的な新聞 *The Sheffield Register* の編集に携わり、そのオーナーが去った後は *The Iris* と改題して主宰者となり、30数年間その編集に携わっています。報道に絡んで投獄されたりしていますが、400を越える賛美歌を書き、外国伝道や聖書事業を支援して晩年には王室年金を授けられています。また葬儀は市の公葬であり、長年の功績に対して銅像が建てられたということです。(YY)

74　きよしこのよる　STILLE NACHT

おそらく世界中でいちばん広く知られているクリスマスの賛美歌でしょう。伝説的な誕生のいきさつについてもよく知られています。1818年のクリスマス、ザルツブルク近郊のオーベルンドルフのカトリック教会のオルガンが故障しました。助祭の**ヨゼフ・モール** Josef Mohr (1792-1848) は、ギター伴奏で歌えるようにと、この歌詞を作って、オルガニストの**フランツ・クサーヴァー・グルーバー** Franz Xaver Gruber (1787-1863) に作曲を依頼しまし

た。こうして生まれた賛美歌がその日の礼拝で歌われたというのです*。賛美歌を愛する多くの人が、今では「きよしこの夜礼拝堂」と呼ばれているこの教会を訪れています。

　この賛美歌は、やがてチロルの谷の人々によって作者不詳の宗教民謡として広く歌われるようになり、さらに「ツィラータール・ゲシュヴィスター」という女性ヴォーカルグループによってチロル民謡として世界中に広められました。最初に印刷されたのは*Jugendfreund*(『青春の友』、1838)という曲集でしたが、作者不詳とされていて、一般にはミヒャエル・ハイドン Johann Michael Haydn (1737-1806) の作と考えられていました。真の作者が明らかになったのは、1854年にグルーバーの息子が成立のいきさつを発表して以後のことです。

　ドイツでは長らく宗教民謡として小学校の音楽教科書などに記載されていましたが、1880年ごろから各地の賛美歌集に採用されるようになり、今では知らない人はいないほどの代表的なクリスマスの賛美歌となりました。

　この賛美歌の訳は、日本においても19世紀末から既に存在しています。明治版『讃美歌第二編』(1909) と由木康 (**49番**参照) の個人歌集『聖歌』(1927) の訳を経て、『讃美歌』(1931) で「きよしこのよる　ほしはひかり」という由木訳が定着しました。『讃美歌』(1954) において、当時委員長だった由木自身により語句が修正されました。

　『讃美歌21』でも最小限の語句の手直しをして継承され、『こどもさんびか改訂版』にもその版が採用されました。(JK)

　　*このいきさつについては批判的研究がなされ、現在では作詞が1816年と判明しています。また、カトリックのミサで当時ギターを弾いたことは考え難く、おそらくミサ後に人びとに歌って聞かせたものと考えられています。詳しくは、川端純四郎『さんびかものがたりII　アドヴェントとクリスマスの歌』(日本キリスト教団出版局、2009) 参照。

75　きけ、てんしのうた　MENDELSSOHN

　英語賛美歌の代表的な作者**チャールズ・ウェスレー** Charles Wesley (1707-88) の賛美歌の一つで、彼の作品としては比較的初期のものに属します。兄

のジョンを助けてメソジスト運動に生涯を捧げたチャールズは、6500あまりの賛美歌を書き、質・量ともに英語賛美歌史上で最も重要な作者の一人と考えられています。各種の詞形を自由に使いこなしたその作風は変化に富み、情熱的で、篤い信仰心がほとばしるような力強さがあります。

　この歌詞は、兄のジョンと共に編集した *Hymns and Sacred Poems* (1739) に初めて収録されました。ウェスレー兄弟の協力者ジョージ・ホイットフィールドの *A Collection of Hymns for Social Worship* (1753) で歌いだしの部分が多少変更され、現在の形になりました。

　この賛美歌の名声は、MENDELSSOHNとの組み合わせで決定的なものになりました。原曲は、グーテンベルクの活版印刷術発明400年記念 (1840年) の祝典のために**フェリックス・メンデルスゾーン*** Felix Mendelssohn Bartholdy (1809-47) によって作曲され、演奏された "Festgesang"（祝典歌、作品番号なし）という男声合唱曲です。

　メンデルスゾーンの死後、イギリスの音楽家ウィリアム・カミングス William H. Commings (1831-1915) が編曲して賛美歌旋律とし、ウェスレーの歌詞を組み合わせました。これは *Congregational Hymn and Tune Book* (1857) に収録され、多くの国で用いられる賛美歌となりました。

　日本でも『讃美歌』(1903) 以来、「あめにはさかえ」という歌いだしの格調高い翻訳で親しまれてきました。この翻訳は優れたものではありましたが、基本的に古めかしい表現が多く、原作からかなり外れ、また不快語が含まれていました。『讃美歌21』『こどもさんびか改訂版』では原作に忠実に、「聞け、天使の歌」と呼びかける新しい訳を用いています。(MH)

　　***フェリックス・メンデルスゾーン**……ユダヤ系ドイツ人で、ハンブルクの裕福な銀行家の家に生まれ、幼時から音楽の才を示し、17歳で《真夏の夜の夢》序曲を作曲して以後、作曲家・指揮者として活躍しました。また、バッハに傾倒し、作品研究を重ね、《マタイ受難曲》の再演など、バッハの作品の紹介に努めました。彼自身もオラトリオ《エリヤ》《パウロ》を始め、多くの宗教的作品があります。

76　もろびとこぞりて　ANTIOCH

　誰もが知っているクリスマスの賛美歌です。

　作詞者**フィリップ・ドッドリッジ** Philip Doddridge (1702-51) はイギリスの牧師・賛美歌作者です。ロンドンの商人の家に生まれ、父方の祖父は非国教会系の、母方の祖父はルター派の牧師で、共に当時のイギリス政府の国教会主義に反対したため、弾圧されました。フィリップも、キプワースの非国教会系の学校で神学を学び、牧師となりました。彼は貧しい村のために学校を開き、村民の教育をしながら牧会し、多くの神学の著作と400以上の賛美歌を残しました。

　この詞は1735年12月28日に書かれ、スコットランドの賛美歌集 *Scottish Translations and paraphrases of Several Passages of Sacred Scripture* (1745) に発表されました。

　作曲者**G・F・ヘンデル** Georg Friedrich Händel (1685-1759, George Frederick Handel とも綴ります) はドイツ北部ハレで外科医兼理髪師の子として生まれました。ドイツのプロテスタント（ルター派）の環境に育ったヘンデルは当初法律を学びましたが、音楽に興味をもち、父の死と共に音楽で身を立てる決意をしました。1702年に生地でオルガニストとなり、1707年にイタリアに留学してオペラの作曲を学び、帰国してドイツ選帝候ハノーヴァー公の宮廷楽長となりました。1712年にロンドンに移住して後はずっとイギリスで活動し、イギリス王室や貴族社会と交流して多くの宮廷行事用音楽やオペラを作曲しました。後年は次第にオラトリオの作曲に力点を移し、多くの傑作を作曲しました。《メサイア》*Messiah* は名作として特によく知られています。

　ヘンデルにはメソジスト派の指導者ジョン・ウェスレーのために書いた賛美歌曲3曲があります。また、彼のオラトリオ等から編曲された賛美歌曲もかなり多く、『讃美歌』(1954) にはこのANTIOCHと他に4曲が収められていました。

　ANTIOCHはヘンデルの作曲となっていますが、厳密な意味では彼の作曲ではなく、《メサイア》の数か所からヒントを得て後世に作られた曲です。具体的には、「もろびと」の部分は "Glory to God", "Lift up your heads" の冒頭

の旋律に、「主はきませり」の部分は"Comfort ye, my people"の伴奏部の音型に似ているとされています。

　ジョン・ウィルソンの研究によれば、この旋律のルーツは、3つの段階に分けられるといいます。最も古いものは *A Collection of Tunes* (1833) にある作曲者不詳のCOMFORTです。ローウェル・メーソン* Lowell Mason (1792-1872) 編の New and enlarged edition of Cheetham's Psalmody (1836) で初めてANTIOCHの曲名があてられ、*The National Psalmist* (1848) において現在の旋律の形になりました。

　なお、『讃美歌』(1903) では、ANTIOCHの曲に対してアイザック・ウォッツ** Isaac Watts (1674-1748) の歌詞 "Joy to the World" とドッドリッジの歌詞 "Hark the glad sound" が見開きで収録されていました。後者の方が曲とよく合う訳詞だったために、以来日本では、この曲と「もろびとこぞりて」の歌詞が強く結びついて歌われるようになりました。しかし現在では、ドッドリッジの "Hark the glad sound" にはBRISTOLという別の曲が、ANTIOCHには "Joy to the World" の歌詞を組み合わせるのが世界のスタンダードになっています。(MH)

* **ローウェル・メーソン**……アメリカの作曲家・賛美歌学者・教会音楽家・指揮者・教育者です。彼は16歳の時に聖歌隊の指揮を始め、20歳の時には、銀行員として勤務するかたわら、オルガニストと聖歌隊指揮者を努め、音楽理論を学びました。1821年、彼は *Boston Handel and Haydn Society Collection of Church Music*(『ボストン・ヘンデル・ハイドン協会編教会音楽曲集』)という賛美歌集を出版し、大変な成功を博しました。後にボストン音楽アカデミーとヘンデル・ハイドン協会の長、指揮者になり、同時にボードアン・ストリート教会の音楽監督も務めました。彼はまた賛美歌学だけでなく教育音楽の分野でも大きな働きをしました。

** **アイザック・ウォッツ**……イギリス18世紀の牧師・賛美歌作者。優れた賛美歌を600編余り作っています。当時のイギリスは150年にわたる英語詩編歌時代の末期でしたが、ウォッツはその詩編歌に飽き足らない思いを抱き、18歳の時から自由な創作賛美歌を書き始め、33歳の時に *Hymns and Spiritual Songs* (1709) にまとめて発表しました。また、詩編歌も書き、*Psalms of David, Imitated in the Language of the New Testament*(『新約聖書の用語で模倣したダビデの詩編』1719) という歌集として発表しました。この題からもわかるように、ウォッツの詩編歌は、詩編を生かしつつイエス・キリストについても触れるという新しい着想で書かれており、イギリスの賛美歌が詩編歌から再び創作歌の時代となる過渡期の性格を示しています。

77　おほしがひかる

　作詞者**由木康**については**49番**を参照。
　占星術の学者たちが星に導かれてイエスのもとへ向かう場面を歌う賛美歌です。戦時中の『日曜学校讃美歌』(1944)に収録されたのが最初ですが、素朴な情景を歌う歌詞はその後の歌集にも引き継がれ、長く歌われてきました。そのため、日曜学校、教会学校へ通った経験のある幅広い年齢層の人びとに親しまれています。「ぴかぴか」「かぽかぽ」を歯切れよく歌うとよいでしょう。(AS)

78　とおくのひがしから

　作詞・作曲者**鳥居忠五郎**(とりいちゅうごろう)(1898-1986)は北海道に生まれ、東京音楽学校声楽科を卒業し、東京府立青山師範学校(現・東京学芸大学)、玉川大学、聖徳学園女子短大の教授を歴任、生涯を教育音楽のために尽くしました。その間『讃美歌』(1931)改正委員、『讃美歌』(1954)改訂委員、日本基督教団讃美歌委員を務めるなど、長期にわたって日本の教会音楽に貢献しました。『日曜学校讃美歌』(1928～)『こどもさんびか』(1966)の編集にもあたっています。
　この賛美歌は『こどもさんびか』のために作詞・作曲されました。1節は占星術の学者たちが、2節は羊飼いたちが、それぞれイエスのもとへ向かう様子を歌います。『こどもさんびか』では公募、委嘱ともに新作は口語で作詞されました。文語からの転換期にもかかわらず、自然な口語で書かれたこの賛美歌は、『こどもさんびか改訂版』にも歌詞に変更が加えられずにそのまま収録されています。(AS)

79　まぶねのなかに　MABUNE

　人となった神の子イエスへの賛歌で、現代日本の賛美歌です。作詞者**由木康**については**49番**を参照。
　作者が青年時代だった1923年、近代神学の影響を受けてイエスの神性に

ついて思い悩んだ結果、イエスの神性はイエスの人性のうちに包まれ、それを通して輝き出ていることを示され、一つの確信に到達しました。彼はその時の心境を自由詩に表現し、「この人を見よ」と題して彼の個人雑誌『泉』(1923)に発表、後に現在のような定型詩に書き改め、著書『イエス伝詩画集』(1929)の序詞に用いました。『讃美歌』(1931)に採用され、今日に至っています。

キーワードは「この人を見よ」で、イエスが十字架にかけられたときのピラトの言葉を借りて、イエスの神性が人の子イエスの中に包まれて現れていることを各節、特に第4節で力強く表現しています。

作曲家**安部正義**(あべせいぎ)(1891-1974)は宮城県仙台市の出身、東北学院中学部を卒業し、アメリカに留学、ニューイングランド音楽院で声楽とピアノ、作曲を学び帰国しました。東北学院、明治学院で教鞭をとり、第2次世界大戦後はキリスト教音楽学校教務主任として長年にわたり教会音楽の向上に力を尽くしました。この間に『讃美歌』(1931)、『青年讃美歌』(1941)の編集委員を務めています。代表的な作品としては、オラトリオ《ヨブ》(1969年全曲初演)があります。

MABUNEは、『讃美歌』(1931)に採用が決定していたこの歌詞のための曲をとの委嘱を受け、彼が作曲中の《ヨブ》の終曲合唱のテーマの部分を転用したものです。歌詞とよく合い、同賛美歌集の日本人作品の中では最もよく歌われる歌の一つとなりました。その後『讃美歌』(1954)にも受け継がれ、英訳されてアメリカ・ルーテル教会の賛美歌集 *Lutheran Book of Worship* (1978)など外国歌集にも収録されています。(MH)

80 あれののなかで　AUS DER TIEFE RUFE ICH (HEINLEIN)

"Forty days and forty nights……"(40日40夜……)という歌いだしで知られるレントの賛美歌です。悪魔の誘惑に打ち勝たれたキリストに従い、勝利の日まで私たちも共に歩もうと歌います。現代のイギリス歌集には15種類以上に収録されており、アメリカではカトリックの歌集にも見られます。

この歌は、マルコ1：12〜13やルカ4：1〜2で語られている悪魔の誘惑の

場面に霊感を得ていますが、9節まである英語原歌詞はキリスト者が罪に陥る道などにも言及していました。しかし**ジョージ・H・スミッタン** George Hunt Smyttan (1822-70) の書いたこの原歌詞は、公同礼拝では使いにくくて敬遠され、後にフランシス・ポット Francis Pott (1832-1909) が大幅に改作して *Hymns fitted to the Order of Common Prayer* (1861) で公表した6節版が普及するようになりました。歌集によっては編集委員会でさらに手を加えるケースも少なくなく、『讃美歌21』『こどもさんびか改訂版』の日本語訳はアメリカ聖公会の賛美歌集 *The Hymnal 1982* (1985) の5節版に基づきながら、それを4節に凝縮した形となっています。

スミッタンは、インドのボンベイに生まれてフランクフルトで死去した聖職者で、*Thoughts in Verse for the Afflicted* (1849) などの著書を残しています。ポットはいくつかの教会を牧会した後、難聴のために引退し、ラテン語聖歌やシリア語聖歌を調査したり英訳したりする日々を送りました。1861年に出版された *Hymns Ancient & Modern* (1860) の編集委員としても活躍しています。

瞑想的な雰囲気のAUS DER TIEFE RUFE ICHは、*Nürnbergisches Gesangbuch* (Nürnberg, 1676) において "Aus der Tiefe" の歌詞と組み合わせで公表され、パウル・ハインライン Paul Heinlein (1626-86) の作と考えられてきました。HEINLEINという曲名でも知られているのはそのためです。しかし現在では、**マルティン・ヘルプスト** Martin Herbst (1654-81) が作曲したという説が有力であり、『讃美歌21』『こどもさんびか改訂版』ではそれに従って彼を作曲者として挙げています。和声はイギリスのオルガニスト、ウィリアム・H・モンク (**2番**参照) によるものです。(YY)

81　おどりでるすがたで　LORD OF THE DANCE

シェーカーは18世紀にイギリスでフレンド派 (クエーカー) から分かれたグループで、アメリカに移住して、独身と財産の共有を特徴とする共同体を築きました。この時代に、男女の平等を主張し、実践していました。礼拝の中で聖霊への応答としてダンス (フォークダンス) をすることが特徴で、LORD

OF THE DANCEも、そうしたダンスの際に歌われていた曲です。

　この曲は、アーロン・コープランド Aaron Copland (1900-1990) が、バレエ音楽《アパラチアの春》(1933-44) に取り入れ、《アメリカの古い歌》でピアノ伴奏の歌曲として編曲しています。

　『讃美歌21』や『こどもさんびか改訂版』ではLORD OF THE DANCEという曲名が付けられていますが、SIMPEL GIFTSという曲名でも知られています。

　元の詞は「シンプルであることは神の恵み、自由であることは神の恵み」("'Tis the gift to be simple, 'tis the gift to be free") と歌う、素朴なものでしたが、**シドニー・カーター** Sydney Carter (1915-2004) はこれに、イエスの生涯を歌う詞を付けました。カーターはロンドン生まれ。平和主義者で、第二次世界大戦では良心的兵役拒否をして、エジプトやパレスチナ、ギリシャにあったフレンド派の病院で働いていました。

　カーターは、この詞の着想を、イギリス、コーンウォール地方のキャロル "Tomorrow Shall Be My Dancing Day" から得たといわれています。このキャロルでも、同様に、イエス自身が「私」として語っていますが、そこでも、「ダンス」は重要な意味を持っています。

　イエスの生涯を「ダンス」という観点から歌ったこの詞は、1964年に発表された際には、衝撃的なものでした。「笛を吹いたのに、踊ってくれなかった」（マタイ11：17、ルカ7：32）「ねたむ学者」や「りっぽうやぶるとせめる」人々の姿に、当時の既成の教会を重ねあわせていたことは、多くの人の認めるところです。そのような教会批判の歌は、今や広く受け入れられ、いろいろな賛美歌集に収められています。

　歌詞に導かれて、手拍子をしたり、簡単なダンスをすることも可能です。その場合には、各節の詞はソロやソロ・グループが歌い、会衆はくりかえしを歌うようにするといいでしょう。(RM)

82　ダビデのこ、ホサナ　　HOSIANNA

　北欧でよく歌われている歌で、スウェーデン語でマタイ21：9を歌うもの

でした。1795年**ゲオルク・フォクラー** Georg Joseph Vogler (1749-1814)が作曲し、1796年に初めて演奏されたと考えられています。その後、フィンランド語にも訳され、日本にはフィンランドから伝えられました。

現在でも、スウェーデン、フィンランド双方の賛美歌集に収められていますが、アドヴェント第1主日のための歌に指定されています。それは、「主のみ名によって来たる」を再臨のことだととらえているためだと思われます。

もちろん、日本におけるように、エルサレム入城を記念する歌として、しゅろの主日（イースター直前の日曜日）に歌うことも可能です。その際は、福音書に記され（マタイ21：8）、この日の名前となっているように、しゅろなどの木の枝を持って行進するのもよいと思います。(RM)

83　いばらのかんむりかぶせられ　IBARA

この歌は1983年『こどもさんびか2』の出版にあたって公募した中から選ばれた作品です。

作詞者**桃井綾子**（もものいあやこ）(1932-)は同志社大学神学部を出て後、夫の桃井完治と共に東京・日本基督教団久ヶ原教会、教会付属こひつじ幼稚園の牧会と教育に当たりました。その後、千葉海浜伝道所や、無牧の教会のために仕えました。また、キリスト教視聴覚センター（AVACO）のお話集やキリスト教保育誌の執筆などで活躍しました。

作者によれば、この詞はエルサレム滞在中に浮かんだものだということで、「40日間のキブツ（共同農場）での生活を終えて帰国しようとしていた時、キプロス島で内戦が起こり、空港が閉鎖されてしまいました。不安な思いの中で、エルサレム市街の主イエスが歩まれた涙の道（ヴィアドロロサ）を歩きました。時は流れても、まだ人間は戦い、憎みあっている現実。今も十字架を背負って歩かれる主がそこにおられました。わたしたちの現実のなかで、今も執り成しを続けられるイエスさまの姿を表したかった」と述べています。

作曲者**山元富雄**については**47番**を参照。トロンボーン奏者である作曲者は、この楽器の響きをもって、「十字架を背負って死に向かわれるイエスの姿」というイメージを表そうとしているように思います。作曲者自身、「十

字架への重苦しい足取りをa moll（イ短調）の行進曲で表し、イエスさまの愛を最後の導音Gis（♯ト）からの解決で表現できるようにとの想いを与えられて創作しました」と語っています。（YS）

84　イェスさまのじゅうじかを

　作詞者は**蒔田教会教会学校生徒**となっています。1980年代初めのある日曜日の午後、神奈川・日本基督教団蒔田教会で帰り支度をしていた牧師の今橋朗（**88番**参照）が、5、6年生が分級で使っていた部屋で1枚のメモを見つけました。分級で展開された「十字架の意味を自分なりに考える」という活動で書かれたものでした。今橋牧師はメモの落とし主を捜しましたが、とうとう誰も名乗り出ませんでした。数週間後、今橋牧師はそのメモをもとにこの詞をまとめ、教会学校教師たちに見せながら、「今、こどもさんびかを新しく作っていて、この歌詞を蒔田教会教会学校生徒の名前で発表したいのだけど、いいかな」と尋ねました。「今橋先生のお名前でもよいのでは」という意見もありましたが、「大事な言葉は教会学校のこどもが書いたのだから、やっぱりこれは教会学校生徒が作詞者だ」という今橋牧師の思いが受け入れられ、蒔田教会教会学校生徒の作品として『こどもさんびか2』（1983）に採用されることになりました。

　作曲者**高江洲義寛**（たかえす よしひろ）(1942-) は沖縄県生まれの歯学博士、作曲家、指揮者、彫刻家です。東京歯科大学、お茶の水キリスト教音楽院作曲科を卒業し、東京音楽大学大学院声楽専攻を修了しました。沖縄のわらべ歌の収集、沖縄の伝統芸能「組踊」の上演、特に新作の作曲・演出にたずさわるほか、琉球讃美歌の普及にも尽力しています。この賛美歌は、作曲者が東京・日本基督教団東中野教会で教会生活を送っていたころに、委嘱作品として作曲されました。『こどもさんびか』（1966）にも『讃美歌』（1954）にも沖縄の音楽がなかったため、ぜひ琉球音階（ド・ミ・ファ・ソ・シ・ド）で作られた賛美歌がほしい、教会学校のこどもが作った歌詞に合ったわらべ歌のような旋律にしたいという願いから生まれた曲です。伴奏譜も西洋音楽的な和音を用いた伴奏ではなく、三線をイメージしたシンプルなものになっています。（AS）

85　イェスのになったじゅうじかは　SUTTER

　第2ヴァチカン公会議以降、オランダ、ベルギーのカトリック教会における典礼改革・賛美歌の創作にはめざましいものがあります。これはプロテスタントの諸教会に波及していきました。この賛美歌はプロテスタントの牧師とカトリックの司祭の共同作業により誕生しました。

　1節で「イエスの担った十字架」が「命の木」となり「よい実をむすぶ」と明確に述べ、主の受難の中にある希望を告白します。さらに、古くから歌われてきた嘆願の祈り「キリエ・エレイソン（主よあわれみを）」とくりかえして歌い、復活を願います。

　この現代の受難の詞を書いた**ヴィレム・バルナルト** Wilhelmus (Willem) Barnard (1920-2010、本名は Guillaume van der Graft) はオランダのロッテルダムに生まれ、ニーメーゲン、アムステルダムで牧師を務めました。現代語訳詩編歌の提唱者で、オランダの賛美歌集 *Liedboek voor de Kerken* (Den Haag, 1973) の編集を担当し、新しい感覚の創作、詩編の新しい韻律化、翻訳にも力を注ぎました。この歌集には80にも及ぶ彼の作品が収められています。日本語歌詞は、ドイツの賛美歌集 *Evangelisches Gesangbuch* (1993) に収録されているヘンキースのドイツ語訳 "Holz auf Jesu Schulter" から翻訳しました。ヘンキースはドイツの実践神学の教授で、多くの賛美歌の翻訳で知られています。

　この美しい旋律を書いた**イグナス・ドゥ・スュッター** Ignace de Sutter (1911-88) はフランドル地方のヘントに生まれたカトリックの神父で、レーヴェンの教会音楽学校の講師も務めました。この地方の言語であるフラマン語で行う礼拝を推進し、礼拝で用いるフラマン語賛美歌の作曲に力を尽くしました。(TS)

86　よあけのほしが

　『日曜学校讃美歌』(1944) に「のぞみの朝」という題で収録されたのが初出

です。当時の歌詞は3節に「望の朝」という言葉が使われています。『こどもさんびか』(1953)で一部変更がなされ、『こどもさんびか』(1966)で文語表現の口語化など大きく変更されました。さらに『こどもさんびか改訂版』では「雄々しくゆけ」が「おそれず行け」に変更されています。1節の歌詞は、初出時から変わらずに歌い継がれています。

作詞者山田健二(やまだけんじ)(1903-?)は東京都に生まれ、当時の満州へ渡りました。南満州鉄道に勤務しつつ、童話創作や賛美歌創作を行い、終戦後、埼玉県に草加幼稚園を設立しました。

作曲者野尻栄(のじりさかえ)(1905-1980)は茨城県に生まれ、作詞者同様当時の満州へ渡りました。南満州工業専門学校建設工学科建築科を卒業後、南満州鉄道及び建築会社に勤務し、駅舎の設計などに関わりました。代々クリスチャンの家系に生まれ育ち、ハルビンの教会で奏楽者として奉仕する中、独学で作曲を学び、友人であった作詞者の賛美歌に作曲しました。一人でも多くのこどもたちに教会に親しんでほしいと願いつつ100曲以上作曲したものの、その多くが戦争で紛失したとのことです。(AS)

87　くさのめきのめが

作詞者高橋萬三郎(たかはしまんさぶろう)(1911-1988)は宮城県玉造郡鳴子町に生まれ、その土地で多くの童謡を作った詩人です。幼児期に麻疹のために左目の視力を失い、右目もほぼ見えなくなり、小学校には3年半遅れて入学しました。黒板の文字が見えないために8年間の学業はたいへん苦労しましたが、小学校高等科を卒業し、その年に受洗しました。古川教会および鳴子教会日曜学校教師、鳴子教会堂守、鳴子保育園主事を務め、終戦の直前に牧師・村井トキと結婚しましたが、同年のクリスマスのころにはわずかに残っていた右目の視力も失いました。その後、詩作を続けながら鳴子教会保育園園長として尽力しました。

作詞者は小学生のころに作詩を始め、視力の減退が進むにつれて童謡の世界へと没頭するようになりました。曲がつけられた童謡もたくさんあり、中でも幼子を愛し、温泉地でこけしの産地でもある生まれ故郷の鳴子を愛して

歌った「こけしの夢」は多くの人に親しまれ、歌われています。

　作曲者**小森昭宏**(こもりあきひろ)(1931-)は東京都生まれの作曲家・医師です。「げんこつやまのたぬきさん」「いとまきの歌」などの童謡や、『ブーフーウー』『勇者ライディーン』などのテレビ番組の音楽、音楽物語『窓ぎわのトットちゃん』を作曲しています。

　「くさのめきのめが」は童謡集『雪あかり』(1975)に収録されていた詩で、そこから『こどもさんびか2』(1983)に転載されることになりました。曲はこの時に委嘱されたものです。

　作詞者が園長として保育園のこどもたちと分かち合ったであろうイースターのよろこびが、童謡界のヒットメーカーによる心おどる旋律で歌われる賛美歌です。遅くならずに、軽快に歌うとよいでしょう。リトミック*のための教材としても最適の賛美歌です。（AS）

*『リトミックで1・2・さんび』（キリスト教視聴覚センター［AVACO］、2008）が参考になります。

88　イースターのあさはやく

『こどもさんびか2』(1983)から引き継がれた賛美歌です。『こどもさんびか2』では二つの曲がつけられていましたが、『こどもさんびか改訂版』には一曲のみが採用されました。

　作詞者**今橋朗**(いまはしあきら)(1932-2014)は東京都に生まれ、慶應義塾大学経済学部卒業後、東京神学大学に編入し、同大学大学院修士課程を修了しました。東京・日本基督教団南久が原教会伝道師を経て、神奈川・蒔田教会牧師に就任、在任中にアメリカ・ギャレット神学校へ留学しました。東京神学大学、東洋英和女学院短大、青山学院大学神学科の講師、日本聖書神学校教授および校長を務めました。教会教育の分野でも月刊『教師の友』編集委員長、日本基督教団教育委員会委員長などを歴任しています。そして、『こどもさんびか2』『讃美歌21』『こどもさんびか改訂版』の編集にたずさわり、日本基督教団讃美歌委員会委員長として各歌集の普及、教会音楽の発展に尽力しました。

　作曲者**小山章三**については**49**番を参照。

1〜3節は、聖書に描かれているイースター「朝早く」「夕方」「八日目」のできごとを歌います。そして1〜3節を受けて、4節と（おわりに）の部分で、現代に生きるわたしたちの希望と信仰を歌います。(AS)

89　キリスト・イェスは　EASTER HYMN

　歌詞は元来ラテン語で、14〜15世紀の写本がプラハなどに残されています。イギリスの *Lyra Davidica*（『ダビデの竪琴』, 1708）という賛美歌集でこの歌詞が英訳されて現在の旋律と組み合わせられました。旋律の起源は分かっていません。現在のものより多少装飾の多い複雑な旋律でした。さらに**ジョン・アーノルド** John Arnold (1720?-92) 編 *The Compleat Psalmist*（『完全な詩編詩人』, 1749）に収録された時に、元の歌詞の第1節だけ残して、第2節、第3節が新しく書き替えられました。このアーノルド版がその後の歌詞の基本となりましたので、第1節は「ラテン語キャロル」、第2、3節はアーノルド作詞ということになります。アーノルドはイギリスの教会音楽家で、今でも歌われているポピュラーな詩編歌を作曲したことで知られています。(MH, JK)

90　しゅはよみがえられた　SURREXIT DOMINUS VERE

　テゼ共同体の歌、**ジャック・ベルティエ**の作曲によるものの一つです（**26番**参照）。4部のカノン（輪唱）で、4小節ごとにC-G-Am-Gのハーモニーが進行します。楽器によるオブリガートも作曲されています。

　冒頭の3小節でCからCへと1オクターブ上行する1段目、高い音が続く3段目には、「キリストが復活した」と歌う歌詞が付けられ、イースターの喜びを表しています。これに対して、「ハレルヤ」を歌う部分は低く書かれていて、美しいハーモニーをつくり出しています。

　イースターの行進（礼拝堂への入堂、礼拝堂からの退堂）や、復活節の福音書朗読の前に歌うことができます。(RM)

91　しゅのふっかつ、ハレルヤ　MFURAHINI, HALELUYA

　復活の喜びを生き生きと感動的に歌いあげるこの賛美歌は、北タンザニア・ハヤ族の宗教儀式の歌で、元来は2列に並び向かい合った男女のグループが打楽器のリズムにあわせて、くりかえしくりかえし歌いかわす結婚式の踊りであったといわれています。

　この地方には100年以上も前からドイツの宣教師によってキリスト教が伝えられ、第1次、第2次世界大戦は、主にイギリスの宣教師によってこの働きが続けられました。宣教師たちは当初、「舞踊は罪である」との考えから、また異教的な宗教と結びつくことから、民族音楽を賛美歌のなかにとりいれることを拒否しました。1920～30年代、民族的な旋律にキリスト教のテキストを付けて歌う試みがなされましたが、会衆自身にこれを受け入れる準備ができていませんでした。しかし60～70年代になるとタンザニアで歌唱運動が起こり、自分たちの音楽性を伸ばす方向に進み始めます。

　この詞をスワヒリ語で作詞し、ハヤ族の旋律につけた**ベルンハルト・キヤマニワ** Bernhard Kyamanywa（1938-　）はタンザニア・ルター派の牧師です。1966年に生まれたこの賛美歌は、U・S・ロイポルトにより"Er ist erstanden, Halleluja!"というドイツ語に翻訳され、1969年にルター派世界協議会から出版された賛美歌集、さらにWCC（世界教会協議会）から出版された*Cantate Domino*（1974）に収録され、世界に広がりました。ドイツの現行賛美歌集*Evangelisches Gesangbuch*（1993）にも採用されています。キヤマニワによる詞は、復活の朝の出来事を詳細に私たちに告げます。付点二分音符を1拍にとり、速めのテンポで、復活の喜びを歌ってください。(TS)

92　たたえよ、このひ　LLANFAIR

　英語賛美歌の最も重要な作者の一人、**チャールズ・ウェスレー**(**75番**参照)によって書かれた堂々としたイースターの賛美歌です。

　全10節まである原歌詞は*Hymns and Sacred Poems*（London, 1739）で公表されましたが、G・C・ホワイトの*Introits and Hymns*（London, 1852）において各節

に「ハレルヤ」が加えられて喜びの表現が大きくなり、そのまま *Hymns Ancient & Modern* (1860) に転載されたため、この形で普及しています。それ以後、編集者によって手直しされたり、いろいろな節の組み合わせで歌われており、20世紀後半のイギリス歌集では20種類以上に収められています。

　LLANFAIR は AABA の構造を持つ典型的なウェールズの賛美歌曲で、概ねヘ長調 (ト長調版もあります) の主和音から成っている音楽です。その独特な力強さが歌詞と見事に合致しています。

　最初は作曲者の記名がないまま *Peroriaeth Hyfryd* (Chester, 1837) に現れ、その後も単に「ウェールズの賛美曲」という名前で広がりました。しかし1896年の *Y Cerddor* (『音楽家』) という雑誌においてルウェリン・ジョーンズ Llewelyn Jones が、彼の所有する原曲の手稿譜を基に、作曲者は**ロバート・ウィリアムズ** Robert Williams (1781-1821) であると特定しています。

　ウィリアムズは盲目のアマチュア音楽家で美声の持ち主であり、彼の書いた多くの賛美歌曲の手稿譜は20世紀にまで伝えられています。(YY)

93　おことばしんじ

　作詞者**福田憲之**については**56番**を参照。
　作曲者**二俣松四郎**(ふたまたまつしろう) (1925-　) は北海道に生まれました。15歳で受洗後、礼拝奏楽の奉仕を始め、進学のために東京へ転居してからは日本基督教団弓町本郷教会のオルガニスト、聖歌隊指揮者を務めています。東京藝術大学音楽学部 (入学時は東京音楽学校) で音楽教育を学び、同時にパイプオルガンを秋元道雄に師事し、卒業後は群馬交響楽団常任指揮者、日出学園教諭を歴任し、女子聖学院中学・高等学校に音楽教諭として定年まで勤めました。また、弓町本郷幼稚園の講師として園児たちの音楽教育を40年間にわたって担当するほか、グロリヤ女声合唱団を主宰し指導にあたっています。作詞家、作曲家、編曲家としても活躍し、『讃美歌のメロディーによるやさしい奏楽曲集』や『女声合唱のための讃美歌100曲』などを出版しています。

　歌詞は『こどもさんびか』(1966) のための公募作品で、こどもさんびか委員会からの委嘱により作曲されました。作曲者は「この歌詞から聖霊降臨の

当時の様子が目に浮かんできて、私の心も聖霊に満たされた思いがしました」と語っています。そして、ペンテコステだけではなく一年中いつでも歌ってほしい、また遅くならないように生き生きと歌ってほしいと願っています。韓国の日本人教会から作曲者のもとに、2階の部屋で礼拝をしていることもありこの賛美歌を教会学校の校歌にしたいという申し出があったそうです。校歌として毎週歌われていることでしょう。(AS)

94　ふしぎなかぜが

『こどもさんびか改訂版』のための公募作品から採用された賛美歌です。
　作詞・作曲者川上盾(かわかみじゅん)(1961-)は山口県生まれ、京都府出身の牧師です。同志社大学神学部を卒業し、同大学大学院を修了しました。1990年代からギター伴奏によるオリジナル賛美歌の創作を行っています。
　以前の『こどもさんびか』(1、2合本)には、ペンテコステの歌が「おことばしんじ」(『こどもさんびか改訂版』93番)だけしか収録されていませんでした。「おことばしんじ」がペンテコステの物語を伝えるすぐれた賛美歌なので、新しく作る賛美歌にはペンテコステが自分にとってどういう体験なのかを表そうと、作詞・作曲したということです。風の吹く躍動感が表現され、聖霊の働きやペンテコステの核心が、やさしい言葉と親しみやすい旋律で歌われています。(AS)

95　せいれいによりて　ST. BRENDAN'S

『ともに歌おう』(1976)31番「みたまによりて」を、手直しして再録したものです。英語原歌詞でくりかえし強調される"We will...with each other"というニュアンスを出すため、「われらともに～しよう」という表現が多く使われています。
　原歌詞は主にある一致を歌うもので、"We are one..." "We will walk..." "We will work..."というように、「私たちはともに主にあって一つ」「ともに歩もう」「共に主のみ業に参与しよう」と、信仰共同体としての働きが歌われてい

ます。

　作詞作曲を手がけた**ピーター・ショルテス** Peter Scholtes (1940-2009) について、詳しいことはわかっていません。1970年代以降のイギリス歌集には少なくとも3種類に収録され、スコットランドの *Church Hymnary* 第3版の増補版歌集 *Songs of God's People* (1988) にはギターコードと共に、そしてアメリカではミズーリ・ルーテル教会がシリーズで出している *Hymns for Now I* (1967) に、やはりギターコードつきで収録されています。『ともに歌おう』(1976) にはこのルター派歌集から採用されたのだと思われますが、*Hymns for Now I* は同派の青少年伝道の一環として出版された歌集です。原歌詞は4節までありますが、『讃美歌21』『こどもさんびか改訂版』では第3節を削除した3節版を『ともに歌おう』(1976) から踏襲しています。

　重くならず、2分の2拍子を生かして軽快に歌いたいものです。(YY)

96　せいれいよ、きてください

　聖霊を求める生き生きとした力強い賛美歌です。「燃え上がる炎が闇を照らして世界をつくりなおす（1節）」「吹き込む激しい風を受け止める時、そこが教会になる（2節）」「互いに愛し合う時にわたしたちは一つの言語を語る（3節）」というメッセージが歌われ、最後の「人々をむすぶ」という言葉が全体を貫いています。

　作詞はイエズス会の司祭であった**クラウス・オコネック** Klaus Okonek (1937-) と修道士であった**ヨー（ジョー）・ライレ** Joe Raile (1952- 、本名は**ハンス・ヨアヒム・ライレ** Hans-Joachim Raile) です。1971年にテレビ放送されることになったカトリック教会の青年キャンプのペンテコステ礼拝のために「激しい風」「炎」「多言語の奇跡」の三つの象徴を備えた賛美歌が必要となり、青年担当だったオコネックとライレが歌詞を書きました。旋律は Sarah Levy-Tanai というよく知られたイスラエル民謡で、ドイツでは詩編95編の旋律としても歌われています。この賛美歌は1973年に *Sagt es weiter*（語り広めよう）という歌集に最初に収録され、ごく最近の多くのプロテスタントの補遺歌集やカトリックの *Gotteslob* (2013) の教区編集部分にも収録されるようになっ

ています。

　作詞者のオコネックはギムナジウム卒業後イエズス会に入って司祭となり、その間に青年の信仰教育を担当しました。1974年に修道会を出てベルリン自由大学で心理学を学び、1986年からはベルリンの精神障がい者の施設でカウンセラーとして働きました。今もベルリン大聖堂で心理学者として信徒の相談を聞いているとのことです。ヨー（ジョー）・ライレはフルダに生まれ、5年間イエズス会に所属した後ドイツ語と音楽を大学で学んで教会音楽家となりました。ベルリン、マドリッドのドイツ語学校、ボン近郊のバート・ホーネッフで学校で教師として働いた後、今も同地に住んでいます。

　ペンテコステの礼拝ではもちろん、礼拝の最後の派遣の賛美として、また誕生の経緯を考えるとキャンプの礼拝にもふさわしいでしょう。激しい炎や嵐をイメージしながら歌えるとよいと思います。(KO)

97　うつくしいあさも　AKATSUKI

　作詞は**レベッカ・J・ウェストン** Rebecca J. Weston（生没年不詳）、原題は"Father, we thank thee"（父なる神さま、私たちはあなたに感謝します）で1885年に作られました。ウェストンは19世紀後半に生きたアメリカの女性で、ボストンで幼稚園教師をつとめると共に、保母の養成に従事していました。この歌詞に1885年にダニエル・バッチェラー Daniel Batchellor が曲をつけた別のバージョンもありますが、『こどもさんびか改訂版』では1879年に**ケイト・ダグラス・（ウィギン）・リッグス** Kate Douglas (Wiggin) Riggs (1856-1923) が作曲したMORNING PRAYER（朝の祈り）を収録しています。

　作曲者はこの曲を作曲した時はウィギンという姓でしたが、1895年に結婚してリッグスという姓になりました。『こどもさんびか改訂版』では K. D. Riggsと表記されています。彼女はアメリカの教育家であると同時にこどもの本の著者でもありました。1878年にはサンフランシスコで初めての自由幼稚園を、また姉妹と共に保育者養成学校を作り、当時安価な労働力と考えられていた、こどもたちへの福祉にその生涯を捧げました。

　この賛美歌が日本で初めて出版されたのは、『讃美歌第二編』(1909)にお

いてであり、その後『讃美歌』(1931)、『日曜学校讃美歌』(1923)を経て、『讃美歌』(1954)に転載され、『こどもさんびか』(1966)には「きよいあさ あけて」(この時の訳詞は鈴木光雄)と題して収録され、『こどもさんびか改訂版』で「うつくしいあさも」と題して受け継がれています。

　『讃美歌略解前編　歌詞の部』(1954)では「日本で最もよく歌われるこどもさんびか」と評され、全国の教会学校やキリスト教保育の現場でなくてはならない賛美歌となっています。(JT)

98　つきはそらから　DER MOND IST AUFGEGANGEN

　『讃美歌21』216番に「月はのぼりて」として収録されていますが、『こどもさんびか改訂版』では、『讃美歌21』とは別の翻訳を採用しています。眠りにつく前のひととき、友だちや身近な大人たち、そして世界の人々のために祈る歌として、『こどもさんびか改訂版』のために新たに翻訳されたものです。

　このすばらしい夕べの歌の作者は**マティアス・クラウディウス** Matthias Claudius (1740-1815) です。リューベック近郊のラインフェルトに生まれ、生涯をほとんど定職につくことなく、詩、評論、雑誌編集等の文筆家としてすごしました。啓蒙主義と合理主義の時代にあって深く自然を愛し、堅くキリストの十字架の死による救いを信じて、すばらしい信仰詩を数多く残しています。生活はいつも苦しく、晩年はナポレオン戦争によって逃亡生活を送るなど困難な状況の中で、ふしぎな静寂と平安に満ちた彼の詩は多くの人の心をとらえました。フランツ・シューベルト Franz Schubert (1797-1828) の有名な《死と乙女》も彼の詩によるものです。

　「つきはそらから」は、*Museen Almanach*（『ミューズ年鑑』Hamburg, 1778）に発表されました。パウル・ゲルハルトの夕べの歌 "Nun ruhen alle Wälder"（『讃美歌』[1954] 41番の歌詞）をお手本にしながら、それよりももっと素朴に民謡風に神への信頼を歌っています。シューベルトはこの詩にも作曲しています（ドイチュ番号499）。

旋律は**ヨハン・アブラハム・ペーター・シュルツ** Johann Abraham Peter Schultz（1747-1800）の作です。リューネブルクに生まれてベルリンでC・Ph・E・バッハとキルンベルガーに学びました。その後コペンハーゲンの宮廷楽長になりましたが、病気のため引退してドイツに帰りシュヴェトで天に召されました。ドイツ歌曲の初期の中心的な人物です。民謡風の単純な曲を理想として、すぐれた詩人の詩に多くの旋律を作った彼の作品は、たくさんの人々に愛唱されました。

この曲は *Lieder in Volkston*（『民謡風の歌曲集』第3巻、Berlin, 1790）にクラウディウスの詩にあわせて発表されました。賛美歌としてだけでなく、ドイツ民謡としても広く愛されています。(JK)

99　ふるいものはみな　GREENSLEEVES

イギリスの古い民謡曲「グリーン・スリーヴズ」による新年のキャロルです。『讃美歌第二編』(1967)にも口語で収録されていましたが、『こどもさんびか改訂版』ではより自然な表現に改訳されました。

曲は16世紀イギリスで広く歌われていたバラッド（物語になった詩）の曲です。作曲者や具体的な作曲年などはわかっていません。この曲にはいろいろな歌詞がつけられており、文献上最も古いのは、1582年の "Alas my love, you do me wrong" という恋人の不実をせめる恋愛歌で、曲は少なくともその少し前から流行していたと考えられています。シェイクスピア William Shakespeare（1564-1616）の喜劇『ウィンザーの陽気な女房たち』Merry Wives of Windsor（1598初演）でも、せりふでこの歌のことが語られています。日本のシェイクスピア翻訳で知られる坪内逍遥（1859-1935）はその箇所を「緑袖節」と訳しています。また、当時すでに宗教的な歌詞がつけられていたという記録や、17世紀中ごろのイギリスでは政治的な歌詞をつけて歌ったという記録もあります。そのほかにも多くの異なる歌詞で歌われ、『讃美歌第二編』216番「みつかい歌いて」もそのひとつです。

この曲にこの "The old year now away is fled" という新年の歌詞が配されたのは *New Christmas Carols*（1642）です。2節で「救い主の名づけの日」とある

のは、クリスマスから8日目にあたる1月1日をイエスの命名日とする伝統的な教会暦による表現です。

よく知られた曲なのですぐに歌えると思われがちですが、息継ぎが難しい曲です。息継ぎの直前の十六分音符(「-」で伸ばされている音)で「伸ばすこと」を考えすぎて力んでしまうと、息継ぎの次の音に間に合わなくなってしまいます。力を抜いて早めに息継ぎをするようにして歌うとよいでしょう。伴奏者が息継ぎの箇所で少しだけ間をあけると歌いやすくなりますが、会衆の息継ぎを待ち過ぎるとテンポが大きくくずれてしまい、曲の流れが止まってしまいますので、細心の注意が必要です。(AS)

100 せかいのこどもは

世界の平和を祈る時や、多様性を感謝し受け入れる時に、愛唱されてきた賛美歌です。作詞者の山内捷三(やまうちしょうぞう)は1959年にビクターから発売された「ぐるぐるまわる」の作曲者としてクレジットされています。「ぐるぐるまわる」では作曲を担当していますが、この賛美歌では作詞を担当しています。それ以外の詳細については不明です。作曲者の山本直純(やまもとなおずみ)(1932-2002)は、日本の有名な作曲家であり指揮者です。作品は「一年生になったら」「歌えバンバン」などの有名な童謡から、テレビ主題歌、そして交響曲と、幅広いジャンルにわたっています。

この賛美歌が発表されたのは、『日曜学校讃美歌』(1944)で、その時は「東亜の子供はお友達」という題で、戦時下の世界観をそのまま反映している賛美歌でした(この賛美歌については石丸新「一億の皇民よ起ちて」季刊『礼拝と音楽』146号で詳述されています)。1944年ですと、山本直純12歳の時の作品あるいはそれよりも前の時代の作品ということになります。作曲家である山本直忠の息子ということもあり、比較的若い時期から作曲をしていたのかもしれません。歌集の序には「作詞者、作曲者には、唯に専門家に限らず、牧師あり、信徒あり、婦人もあり、また國民学校生徒もあって(後略)」と記されています。

その後、臨時版として出版された『日曜学校讃美歌』(1947)で一度不採用

になりましたが、『日曜学校讃美歌』(1949)、『こどもさんびか』(1953)、『こどもさんびか』(1966)に「せかいのこどもは」として収録され、改訂のたびに少しずつ歌詞が変更されています。

　出発点こそ、戦時色の濃い賛美歌でしたが、戦後「東亜」から「世界」へと変更することによって、現代的なセンスを持った賛美歌となりました。今では、平和主日の時などに歌われ、世界中のこどもたちと一緒に歌声を合わせて、真の平和、神の平和を祈り求めましょうというエキュメニカルな賛美歌となっています。歴史の中で不思議な変遷をとげてきた賛美歌の一つといえるでしょう。(JT)

101　はたけにおやさい

　収穫感謝を歌う賛美歌で、4小節と短いながらも非常に印象に残る歌です。これは『こどもさんびか2』(1983)から収録された賛美歌です。

　作詞者の**高橋萬三郎**については**87番**を参照。

　作曲者**子門真人**(しもんまさと)(1944-　)は東京都生まれのシンガーソングライターで、『およげ！たいやきくん』で一躍有名になりました。他にも『レッツゴー!!ライダーキック』など、こども番組・アニメ番組で数多くのヒット曲を持っています。熱心な日本聖公会のクリスチャンで、芸名も洗礼名のシモンから名付けたと言われています。その関係で『こどもさんびか2』の編集段階で作曲を依頼されたのでしょう。1993年に芸能界を引退しました。

　詩人の高橋萬三郎の歌詞は、87番と同じ『雪あかり』(1975)から転載されたもので、語るべきことをコンパクトに生き生きとまとめています。ですから、短い歌詞の中で「畑におやさい」から始まって「天の神さま　ありがとう」までテンポ良く進んでいきます。また子門真人も、詞の持つテンポ感を重視して作曲したため、あっという間に歌い終わってしまいます。もっと歌っていたい、という余韻を残しながら終わるのは、この童謡詩人とシンガーソングライターのコンビネーションならではでしょう。(JT)

102　わたしたちのたべるもの

『こどもさんびか改訂版』のための公募作品から採用された賛美歌です。

作詞・作曲者川上盾については**94番**参照。

収穫感謝礼拝のために作られた賛美歌です。神さまへの感謝（1節）だけでなく、生産者への感謝（2節）の思いが込められています。3節は金芝河の「飯は天です」から着想されたとのことです。

米や野菜が育つ様子、生産者の労苦、食べ物のわかちあい、それぞれの情景がやさしい言葉で表現されています。

なお、2節の「百姓」という言葉はマスコミ等では避けられていますが、本来は差別的な意味がないこと、農業従事者自身が誇りを持って自らを「百姓」と称している事例が多数あることから、文脈を考慮せずに「差別用語」とすることにはさまざまな立場から異論があります。現在では他人が「百姓」と呼び捨てにすることは失礼にあたりますが、呼び捨てにせず「お百姓さん」とすれば問題ないとされています。『こどもさんびか改訂版』では、親しみと敬意を表す呼びかけの言葉として扱っています。（AS）

103　ひとははたけをよくたがやし　WIR PFLÜGEN

歌詞は**マティアス・クラウディウス**（**98番**参照）の詩に基づくものです。宗教的民衆詩人として親しまれたクラウディウスにはドイツの民衆の生活に根をおろした信仰心を歌った多くの詩がありますが、この賛美歌は *Paul Erdmanns Fest*（『パウル・エルトマンの祝祭』1783）という長編詩の一部です。この言葉をつけた旋律が *Melodien für Volksschulen*（『初等学校のための歌』Hannover, 1800）という子どものための唱歌集に収録されたのが初出です。作曲者は**ヨハン・A・P・シュルツ**（**98番**参照）とされていますが詳細は不明です。豊かな収穫を与えられた農民の喜びが伝わってくるような明るい歌です。『讃美歌21』で口語化されて意味が分かりやすくなりました。（JK）

104 しずかにしずかに

　キャンプ・ファイアーをイメージした賛美歌です。こどもさんびか委員会のメンバーによって作詞、作曲され、『こどもさんびか』(1966) に収録されました。

　作詞者**花房泉一**(はなぶさせんいち)(1928-1999) は東京都出身、牧師の子として育ち、東京神学大学大学院を出て、福島・日本基督教団喜多方教会、東京・左内坂教会牧師を務め、同幼稚園園長として幼児教育にも力を尽くしました。『こどもさんびか』『こどもさんびか2』(1983) の編集委員として参加、また「こどものさんびか同人会」をつくって曲集『こどものさんびか』(龍吟社)を出版したひとりで、同歌集にも多くの優れた作品が残されています。

　作曲者**冨岡正男**については**60番**を参照。この賛美歌はキャンプに情熱を注いだ作曲者が、『こどもさんびか』のために作曲したキャンプ・ソングとも言えるでしょう。

　この賛美歌はキャンプ・ファイヤーだけではなく、キャンドル・サービスにも用いられています。「神は言われた。『光あれ。』こうして光があった」(創世記1：3) の聖句が元になり、クリスマスの出来事、また聖霊降臨の出来事の内的表現としても描かれています。新年を迎えた時や光、火、希望といったテーマの時にも歌われるといいでしょう。(JT)

5

教会・こどもの教会

　こどもたちの信仰の共同体について歌う賛美歌が収録されています。収録数は少ないですが、信仰の共同体としての大切なテーマが歌われています。共に礼拝をささげることができる喜び、出会いの恵みと嬉しさ、礼拝に招かれていることへの感謝、隣人と互いに愛し合うことの大切さ、それぞれの違いを乗り越えて、神さまの国のこどもたちとして共に生きていく楽しさなどがテーマです。

　こどもの信仰の共同体は形式から入るものではなく、素直な感動や感激、出会いの喜びから形づくられていきます。

105　きょうもみんなに

　この賛美歌は、『こどもさんびか2』(1983)に収録されました。
　作詞者の**北野順子**(きたのじゅんこ)(1951-)は東京都に生まれ、北陸学院短期大学を卒業しました。石川・日本基督教団金沢教会の教会員です。この歌詞は1981年に『教師の友』の公募に応募し、『こどもさんびか2』に採用されたものです。辛い経験や子育ての不安の中で、教会学校へ親子で出席する喜び、「ひとりじゃない」という思いから生まれた賛美歌です。1節は「賛美歌を歌う」、2節は「み言葉を聞く」、3節は「祈りをささげる」という内容が描かれており、礼拝の進行に合わせて書かれています。
　作曲者の**高浪晋一**(たかなみしんいち)(1941-)は東京都豊島区に生まれ、4歳の時に長野市に転居し、日本基督教団長野県町(あがたまち)教会で高校2年のクリスマスに受洗しました。その後、国立音楽大学教育音楽学科を卒業、同専攻科を修了し、玉川学園の教職を経て、母校の国立音楽大学の助教授として働きました。退職後は日本賛美歌学会の会長を務めたり、「賛美歌工房」で賛美歌の作曲・編曲を行ったりするなど、賛美歌の普及活動に努めています。また、「音楽する楽しさや喜びを、やさしく、わかりやすく伝えたい」をモットーに、アマチュア合唱団の指導者・指揮者としても活躍しています。長く日本基督教団讃美歌委員、キリスト教音楽講習会講師を務め、『讃美歌21』『こどもさんびか改訂版』の編集にたずさわっています。日本キリスト教会世田谷千歳教会のオルガニストも務めています。
　1段目では今日もみんなに会えた素直な喜びを歌い、2段目で賛美を歌い、み言葉を聞き、共に祈ることを穏やかなメロディで歌い、3段目で5度跳躍した音程から「声をそろえて歌う」「心をあわせて聞く」「イェスさまいっしょにいてください」と印象的な旋律で動きをみせます。そして、最後の2小節で「歌いましょう」「聞きましょう」「いてください」と元の穏やかなメロディへと戻ります。(JT)

106　どんどこどんどこ

『こどもさんびか2』(1983)に収録された賛美歌です。

作詞・作曲は高橋潮(たかはしうしお)(本名は猿田長春(さるたながはる)、1930-2001、洗礼名ヨハネ)は日本聖公会の信徒でした。1966年から1995年まで立教大学諸聖徒礼拝堂聖歌隊の第三代聖歌隊長として約30年間奉職しました。また『改正祈祷書聖餐式　やさしく歌えるやさしくひける口語のミサ曲』(立教学院教会音楽学校、1989)の作曲者でもあります。

この「どんどこどんどこ」は、新しいスタイルの賛美歌を作る試みをした『キミとぼくの77曲』(1971年 NSKK-日本聖公会青年の歌委員会編、日本聖公会出版事業部刊行)の中の一曲で同歌集から転載されたものです。

「どんどこどんどこ」というフレーズが基調となって、歌うにつれて1人が2人に、2人が4人に、4人が8人にと友だちがふえていく、とても楽しい賛美歌です。前半部分は人数の違いを除けば同じ歌詞なので、楽譜を見なくても歌いながら行進したり、友だちを探しに行くことができます。後半部分は1節が「きみもわらって　ぼくもわらって」、2節が「きみも歌って　ぼくも歌って」、3節が「みんななかよく　かたをくんで」そしてみんなで「神さまのこどもになって」とつながっていきます。最後は再び「どんどこどんどこ　歩いてゆけば」となって、ある種エンドレスの進行形の歌となっています。

発表された1971年当時、随分斬新なリズムと構成を持った賛美歌だったと思われるのですが、今日でもそのリズミカルな斬新さは色あせておらず、民族音楽的なリズムや十六分音符などでリズムを刻むと、こどもたちはすぐにのって歌うことができます。歌うにつれて友だちの輪が広がっていくさまは、とても気持ちよく、このまま世界中の子どもたちと友だちになれたらいいなと思える賛美歌です。(JT)

107　しずかにはいろうよ　MEU LOUVOR

作詞・作曲者はブラジルの**ロベルト・メンデス** Roberto Mendesです。ブラジル・メソジスト教会が1994年に発行した *FAZENDO FESTA*(フェスタをしよ

う）に収録されています。"Eu vou chegar bem de mansinho para entrar na Casa do Senhor"（わたしは静かに到着する、主の家に入るために）という歌い出しの、ジェスチャー付きの賛美歌です。ジェスチャーについては『みんなで礼拝アイディア集「こどもさんびか改訂版」を用いて 』(2013) 65頁を参照。ポルトガル語と日本語でフレーズごとに同じ内容を歌っているため、2つの言語でまったく同じジェスチャーを用いることができます。前半を2回繰り返した後、後半を2回繰り返したり、通しで最後まで歌ってから最初に戻ったり、いろいろな歌い方ができます。(TM)

108　ウリエイウッソン　URIE IUSSON

　在日大韓基督教会総会が編集したこども用の賛美歌集に載せられていたものを、『こどもさんびか2』(1983)にそのまま収録したものです。その歌集には韓日両国語で載せられており、詞の内容も現代賛美歌としてふさわしい内容だということで、『こどもさんびか2』でも同様に韓国語と日本語を掲載しました。

　作詞者**チョン・ウンソプ** 정웅섭 鄭雄燮 (1932-) は韓国神学大学教授、作曲者**キム・スンセ** 김순세 金順世 (1931-) はソウルのメソジスト教会の長老で聖歌隊の指揮者を務めました。

　韓、日の、しかもおとなもこどもも共に歌える歌として、教会の内外で歌ってほしい賛美歌です。韓国語にも読み仮名がつけられているので、少し練習すれば覚えて歌えるようになるでしょう。韓国語、日本語と交互に歌うのもよし、その場面に応じて適切な用い方をしてください。

　『こどもさんびか2』の出版当初、この賛美歌を在日大韓教会のかたがたに歌ってもらって、レコードにしたことがありました。その時、2段目の「弱く貧しい……」「つらいことも……」の部分を倍の遅いテンポで歌いました。その響きに感動したことを忘れません。韓国と日本を結ぶ友情の歌になるようにと祈りつつ、この歌が広く歌われるようにと願っています。(YS)

109　ロケットにのって

『こどもさんびか2』(1983)に収録された賛美歌です。

作詞者の**阪田寛夫**については**15番**を参照。

作曲者**磯部俶**(いそべとし)(1917-1998)は、日本の合唱指揮者、作曲家で、東京都大森で生まれました。早稲田大学文学部芸術学科を卒業しますが、在学中から平尾貴四男に作曲を学び、15年間早稲田大学グリークラブの専任指揮者を務め、共立女子大合唱団、いそべとし男声合唱団、フレーベル少年合唱団など多くの合唱団の指導に当たりました。1955年に新しいこどもの歌の創作活動「ろばの会」を大中恩(**15番**参照)、中田喜直らと結成し、数々の賞を受賞しました。後半生は藤沢市に住み、湘南コールグリューンを指導し、藤沢市民オペラを発足させるなど、地域文化の向上に努めました。また、美しい日本語の歌を創り広める活動に参加し、「新なみの会」会長を10年務めました。晩年まで創作意欲は衰えることなく、1998年には室内オペラ《夕立》を作曲しました。

この賛美歌は1981年に作られましたが、地球の外から私たちの住んでいるこの世界を見渡すという画期的な内容で、人種や言葉の違いを越えて、みんな一つの星 ─ 神の国のこどもたちであると歌います。6度の跳躍があったり、経過音をはさみながら9度の跳躍があったりと、あたかもロケットに乗っているかのような躍動感にあふれています。(JT)

6
世界と人間

　私たちは一人では生きているのではない、世界中の隣人と共に生きているのだ、という世界観、人間観をもって作られた賛美歌でつづられています。神さまによって造られ、与えられた命。その命が少しずつ成長し、神さまの家族として共に生きる姿が描かれています。

　また、希望、感謝、慰めの歌、そして私たちにとって最も大切な、平和について歌う賛美歌も収録されています。

　自分の命を見つめ、自然に親しみ、人と人との関係に思いをはせ、真の平和を作り出す生き方について考えさせられます。

110　ぱらぱらおちる

　この賛美歌は『こどもさんびか2』(1983)に収録されています。

　作詞は中田羽後(**5番**を参照)、作曲者は不詳ですが、『日曜学校讃美歌』(1923)には、"Song of Raindrops"(雨のしずくの歌)と原題が表示されていますので、訳詞の可能性もあります。現在、"Song of Raindrops"は見つけ出すことができません。賛美歌の基本構造としては、ジェームズ・R・マリー James R. Murray (1841-1905) の"Raindrops! raindrops! Gently falling from the sky"とよく似ていますが、完全には一致していません。

　「雨」、「雪」、「星」、「鳥」をとりあげ、なぜ降るのか、なぜ舞い落ちるのか、なぜ光るのか、なぜ歌うのかを問うています。そして「花を咲かせるため」「枝に服を着せるため」「暗い夜道を照らすため」「世界の人に神の愛を知らすため」と答えを出し、神がお造りになったこの世のもので、意味のないものはない、すべては「極めて良かった」(創世記1：31)という聖句を歌詞にしています。

　メロディは下行型のメロディで雨や雪が舞い落ちる雰囲気を醸し出しています。AA'BA'の構成になっており、Bの部分で歌詞が提示している「なぜ」を解き明かし、最終のA'で、その答えを再び聞き慣れた下行型で提示しています。反復の多いメロディでとても覚えやすく歌いやすい賛美歌となっています。(JT)

111　コスレボナヨ

　この賛美歌は、ネパールの賛美歌で作者不詳です。1962年からJOCS(日本キリスト教海外医療協力会)からの派遣ワーカーとして、18年間ネパールに赴任していた岩村昇医師が、ネパールの教会学校のこどもたちが歌っている歌を楽譜に起こしました。1980年に帰国した岩村医師から紹介されて、『こどもさんびか2』(1983)年に収録されました。収録当時は、ネパールの言葉を大切にするために、あえて日本語の訳詞はつけませんでした。『こどもさんびか改訂版』でもそれを受け継いで、現地語をカタカナ表記で歌詞として

います。

　しかし、せっかくのすばらしい賛美歌なのに、言葉がむずかしいため、歌われる機会が多くはありませんでした。参考までに日本語訳詞(『こどもさんび改訂版略解』編集小委員会訳)をご紹介します。

　だれがつくったの　この花は　この花は　この花は、
　だれがつくったの　この花は、天の神さま

　(「この花は」のところに、「この鳥は」「この魚」「この星は」「わたしたち」と入ります)

　さまざまな場面でこの美しい賛美歌が歌われるようになることを願っています。

　歌詞は、被造物の素晴らしさとそれをお造りになった神を賛美するものとなっており、(創世記1：1～31)、「花」「鳥」「魚」「星」と来て、最後に「わたしたち」人間の創造が歌われています。110番「ぱらぱらおちる」とほぼ同じ概念で作られた賛美歌といえるでしょう。

　なお『こどもさんびかガイド』(1985)の解説には「この曲は西洋の讃美歌曲をとりいれたものにネパール語をつけて歌われているものと思われます」とありますが、その後の賛美歌や民族音楽の分析の結果、ネパールに入った賛美歌がその地に同化して、きわめてネパール色の濃い民族音楽的なメロディになっていると言えます。(JT)

112　かみさまがつくられた

　歌詞は『こどもさんびか改訂版』のための公募作品から採用されたものです。作詞者畑中隆男(はたなかたかお)(1937-)は東京都に生まれ、小学生のころから教会に親しんできました。

　作詞当時、人の命が軽視されるような風潮を感じ、また、地球温暖化によると思われる大雨、干ばつ、竜巻などの自然災害が頻発していることにも心を痛めていました。神さまが作られたすべての命と地球をたいせつにしたいという祈りを込めて作られた歌詞です。

　作曲者飯靖子(いいせいこ)(1952-)は東京都に生まれ、桐朋学園大学ピアノ科を卒業後、国立音楽大学大学院修士課程(オルガン専攻)を修了しました。東京・日

本基督教団霊南坂教会のオルガニスト、聖歌隊指揮者、日本基督教団讃美歌委員、キリスト教音楽講習会講師を務め、『こどもさんびか改訂版』の編集にもたずさわっています。オルガン奏者としての演奏活動のほか、賛美歌の録音、『讃美歌21』『こどもさんびか改訂版』の普及に尽力しています。

　神さまがつくられた小さなものも大きなものも、いつも忘れずにたいせつに歌い続けたいという願いから、シンプルな誰にでも口ずさむことのできる旋律が生まれました。(AS)

113　こすずめも、くじらも　ROEDER

ヤラスラヴ（ジャラスラヴ）・J・ヴァイダ Jaroslav Jan Vajda (1919-2008) と**カール・F・シャルク** Carl Flentge Schalk (1929-　) は、共同でさまざまな歌を創作し、発表しています（『讃美歌21』では82番「今こそここに」）。

　ヴァイダは、コンコーディア神学校（ミズーリ州セイント・ルイス）を卒業して、ルター派の牧師となり、教会の雑誌編集などにたずさわりましたが、コンコーディア出版社 Concordia Publishing House の編集者を長く務めたことは大きな働きであったと言えるでしょう。

　賛美歌を作詞するほか、賛美歌の翻訳も残しています。「悔い改めつつ」（『讃美歌21』366番）は、ヴァイダの英訳によって、広くアメリカの歌集に収められるようになりました。

　シャルクは、イーストマン音楽大学で教育を受け、母校でもあるコンコーディア教員養成大学で長く教鞭を執りました。ヴァイダが編集者をしていたコンコーディア出版社のアドヴァイザーも務め、ルター派合同の礼拝委員会の賛美歌部門のメンバーとなるなど、教会音楽、賛美歌の分野で大きな功績を残しています。

　作詞者自身が、「創られたものすべてが、人間も含めて、どうして、また、どのようにして、神の愛に応えるのかを表したかった」と記しています。それを表現するために、この歌は、「論理性」や「神学」に基づくのではなく、「〜の神」という独自の呼びかけで綴られています（例えば、"God of the sparrow/God of the whale/God of the swirling stars" 原詞1節）。上述の「今こそここに」とよく似て

おり、「印象主義的」と呼べるでしょう。このような表現によって、神の愛が私たちの周りにあますところなく注がれていることを実感することが可能になるのです。「おおじしん」や「あらし」、「いなびかり」を経験しているときでさえ。(RM)

114　やさしいめが　YASASHII ME

　この歌は『ともに歌おう』(1976)『こどもさんびか2』『讃美歌21』に載せられた日本人による創作賛美歌です。

　イエスの人となりを「やさしい目、きよらかな目」「大きな手、あたたかい手」「かぎりないひろい心」という言葉で表現し、その目、その手、その心がわたしたちを守ってくださる、と口語訳の平易な言葉でまとめています。

　作詞者**深沢秋子**（ふかざわあきこ）(本名・安紀子) (1931-) は青山学院女子短期大学、青山学院大学で英文学を学び、長年にわたり中学校で英語教師として教鞭をとっていました。「日々の生活の中で、弱い信仰の歩みを、主イエスが支えてくださっていることを感じます。主のまなざしが注がれ、み手がさしのべられ、主の愛に満たされていることを知らされます」(深沢氏より委員会宛、1997年8月)。

　「主われを愛す」(『讃美歌21』484番) は古くから歌い継がれた名曲ですが、それに匹敵する現代版賛美歌と言ってもいいでしょう。

　作曲者**小山章三**については**49番**を参照。この曲について作曲者は「『やさしい目が、きよらかな目が……』という歌いだしが、新鮮であたたかい感じなので、この詞にふさわしいメロディとハーモニーをと心がけて作曲した」とコメントしています。(YS)

115　このはなにように

　『こどもさんびか改訂版』のための公募作品から採用された賛美歌です。

　作詞・作曲者**川上盾**については**94番**を参照。

　教会学校の活動の中で、「花の日・こどもの日」に歌う賛美歌がこれまでの

こどもさんびかには少なかったために作詞し、作曲したとのことです。一輪の花を見て、いのちの尊さを思う。そんな感性をこどもたちとわかちあいたいとの願いが込められています。「みんなの心にやさしくかおる」(2節)、「神さまの愛をそっとあらわす」(3節)という、これまでにはあまり歌われてこなかった「こども観」が表現されています。「明るく」「元気に」だけではない、こどものたいせつな一面が歌われている賛美歌です。(AS)

116 うまれるまえから　BIRTHDAY

この歌は『こどもさんびか』(1966)の公募の際に寄せられた作品です。エレミヤ書1：5「わたしはあなたを母の胎内に造る前から　あなたを知っていた……」の聖句をイメージして作られた歌です。

「生まれる前から　神さまに守られてきた」「生まれて今日まで　みんなから愛されてきた」、そのようにしていのちを与えられ、育まれてきた友だちを心から祝福する歌です。「友だち」のところに「……さん、……ちゃん」と入れて歌えばもっと身近な印象が出てくるでしょう。

作詞の経緯についてはこれまで、作詞者**冨岡ぬい**(1911-)が『こどもさんびか』(1966)の編集委員だった音楽家の夫・**冨岡正夫**(60番を参照)の編集作業を垣間見ながら、長女が生まれ育ったころのことを思い出して、こどもが歌える誕生日の歌を書いたとされていました。実際には、夫である冨岡正夫による詞で、妻の名前で発表したものであることがわかっています。2014年2月9日付の長女・丸山もと子さんからの編集部宛書簡をもとに、このたび公表することにしました。

作曲者**三島徹**(1936-79)は視覚障がいを持つクリスチャン青年作曲家でした。神奈川県横須賀市に生まれ、大船の栄光学園に在学中に網膜出血症を発症して翌年失明、横浜市立盲学校に転校しました。同校高等部専攻科を卒業し、鍼灸マッサージ師の資格を得て自宅で開業、1961年以降はピアノや和声学等を学び、童謡、ホーム・ソング等の作曲活動を続け、この歌のほか『讃美歌第二編』(1967)82番「きょうありて」の作曲もてがけました。1979年に43歳の若さで天に召されました。神奈川・日本基督教団蒔田教会員でした。

(YS, AS)

117　さあ　てをくんで

　誕生日を祝うこの賛美歌は、1981年に作られ、『こどもさんびか2』(1983)に収録されています。作詞者**阪田寛夫**については**15番**参照。
　寺島尚彦(てらしまなおひこ)(1930-2004)は、栃木県出身で東京藝術大学音楽学部作曲科を卒業しました。1967年に初めて沖縄を訪れ、心揺さぶられます。そして沖縄戦の悲劇を歌った『さとうきび畑』(作詞・作曲)が彼の代表作となります。
　阪田寛夫と寺島尚彦という名コンビで作られたこの賛美は、とても爽やかで誕生日を祝うにはすばらしい賛美歌です。特に、2節の「だいじな友だちが」のところを「だいじな○○ちゃんが」と名前を入れて歌うことができ、誕生日を迎えたこどもが複数人いても、5〜6小節目を繰り返すことで何人でも追加できるので、誕生会にはぴったりの賛美歌です。残念ながら、ほとんどの教会や保育・幼児教育の現場では116番が歌われているので、この賛美歌の出番は少ないのですが、誕生会の「導入」と「退席」に116番を歌い、誕生日のお祝いをする部分で117番を歌うことで、『こどもさんびか改訂版』に収録されている誕生日の賛美歌を存分に生かすことができます。
　伴奏譜は作曲者が指定したものなので、少しむずかしいかもしれませんが、ていねいに練習して弾くと、きらきらと風が光り、朝日が輝くような曲調になりますので、ぜひ練習して用いてください。
　『こどもさんびか2』では、2節で「てあしも　めもくちも　ひかるように」となっていた歌詞を、『こどもさんびか改訂版』では「みまもり　あるように　おねがいします」と変更しています。(JT)

118　イェスさまがきょうかいを　CHRISTIAN HOME

　この歌は『讃美歌第二編』(1967)の作詞公募の際に入選した作品です。
　作詞者**石田直矣**(いしだなおい)(1935-)は北海道札幌市生まれで、19歳で受洗しました。作詞当時、作者には幼いこどもが与えられ、こどもと共に家庭を築く喜び

に満たされていました。「キリストと教会との一体性（エフェソ5：30〜32）を根拠に、教会が贖なわれることと家庭が贖われることを一息に歌う歌詞の家庭礼拝の歌にしたいと思い、この歌詞を作りました」とコメントしています。

1節では、神の恵みを深く感じつつ家族が共にあることを喜び、2節では主から与えられるみ言葉の糧を受け、み教えの水を飲み、愛の交わりのなかに助け合って生きる温かい家庭を望み、3節ではこの家庭から育っていくこどもの姿を夢みながら証しする家庭であるように、と祈りに満ちた歌になっています。

作曲者**小山章三**については**49番**を参照。

この歌はこの歌詞に感動して、ある年のクリスマス・イブに、近くの市川三本松教会の聖歌隊の指揮をしてキャロリングを終え帰る道々、曲想を得て急ぎ帰宅して書き記した歌だということです。（YS）

119　しゅにしたがうことは　TULLAR

「主に従いゆくは、いかによろこばしき」という歌いだしで親しまれてきたこの歌は、『日曜学校讃美歌』(1923)以来ながく歌い継がれてきました。『こどもさんびか』(1966)にもそのまま載せられ、『讃美歌21』で口語化され、こどもにも分かる言葉で歌えるようになりました。

「主に従うことは、なんとうれしいこと、なんとしあわせなこと、なんと心強いこと」と続きますが、それが上からの押しつけではなく、心からのように歌えるようになりたいと思います。

この賛美歌を作詞・作曲したのはアメリカの牧師**グラント・タラー** Grant Colfax Tullar (1869-1950) です。幼くして親を亡くし、わずか3年間しか正規の教育を受ける機会のなかった彼ですが、19歳で献身してメソジスト派の牧師となり、牧師・ソングリーダーとして熱心に働きました。彼は後に教会・日曜学校の音楽出版社を設立しています。

曲はリズミカルに軽快に歌ってください。AA'BB'と整った形式になっていますので、とても歌いやすい歌です。（YS）

120　しゅイェスのみちを

　この賛美は『こどもさんびか』(1966) に収録されています。

　作詞者**本田清一**(ほんだせいいち)(1911-2005) は東京都出身の牧師で、日本基督教団新栄教会を長く牧会しました。東京市立京橋商業学校、日本神学校（現在の東京神学大学の前身のひとつ）を卒業し、戦時中は日本基督教団の推薦により南ボルネオに派遣されて伝道を行いました。戦後は農村伝道神学校教授、日本基督教団九州教区総会議長を務めました。詩人でもあり、詩集『祈りの炎』を出版しています。『讃美歌第二編』(1967) 54番の歌詞が新しい曲と組み合わされて『讃美歌21』335番「われらの主イエスは」として収録されています。

　作曲者**松田孝一**については**46番**を参照。

　歌詞は、ヨハネ14：6の「わたしは道であり、真理であり、命である。わたしを通らなければ、だれも父のもとに行くことができない」をもとに作られています。曲は典型的なAABAでAはすべて同じフレーズで作られています。Bの11小節目の最後の八分音符がこの賛美全体に躍動感を与えています。(JT)

121　光の子になるため　HOUSTON

　アメリカ聖公会の信徒**キャサリーン・トマーソン** Kathleen Thomerson (1934-) によって作詞作曲された、美しい賛美歌です。*The Hymnal 1982* (1985) に初めて収録され、そこから『讃美歌21』に採用され、『こどもさんびか改訂版』にも収録されました。

　「光の子となるため　あなたに従ってゆきます」と歌う賛美歌で、主への深い信頼と信仰が歌われています。それと同時に、この歌詞は聖書に記されているさまざまな光のイメージに溢れています。

　「光の子となるために、光あるうちに、光を信じなさい」(ヨハネ12：36)、「あなたがたはすべて光の子」(1テサロニケ5：5)、「夜も光がわたしを照らし出す」(詩編139：11)、「光の武具を身につけましょう」(ローマ13：12) などですが、これらの聖句との関連から再臨の歌として、さらに聖書に基づく深い

瞑想や祈りの賛美歌としても歌うことができます。

　この歌詞は1966年の夏、アメリカが異常気象に見舞われて暑い日々が続いた時、セントルイスの彼女を訪ねていた母をヒューストンまで車で送り届ける途中（航空会社のストとも重なり）に着想され、言葉と音楽が一緒にできあがり、ヒューストンの母の家で和声が付けられました。

　HOUSTONは現代の創作賛美歌曲としては珍しく、19世紀的なゆったりとした流れと混声4部合唱の厚い響きが想定された音楽で、フェルマータのある小節を頂点とする柔軟な音楽が展開されています。

　トマーソンはテネシー州に生まれ、テキサス大学とシラキュース大学、そしてアントワープの王立音楽院で音楽を学び、教会音楽家としてまたオルガニストとして活躍しています。セントルイス音楽院やイリノイ大学で後進の指導にも当たりました。ジャン・ラングレーの研究家として今、彼の伝記を執筆中です。（YY）

122　さあ、ともにいきよう
DAMIT AUS FREMDEN FREUNDE WERDEN

　歌は色々な機会に生まれます。ドイツでは隔年に、プロテスタントとカトリック教会が交互に、大規模な信徒大会（キルヘンターク）を開きます。大会の記念切手が発行されるほどです。全ドイツ各地から大勢の信徒たちが集まり、ホテルに泊まれない人は各家庭に民宿します。礼拝が行われ、そのために特別の賛美歌集が作られ、街中は賛美の歌声で満ちあふれます。古い歌、よく知られた歌、地方色豊かに方言で歌われる賛美歌、信徒大会の主題に即した賛美歌も新しく作られます。その時代を反映した歌も生まれます。

　この曲は1983年の信徒大会の賛美歌集 *Umkehr zum Leben*（『いのちに立ち返ろう』）から採用されました。作詞、作曲をした**ロルフ・シュヴァイツアー** Rolf Schweitzer (1936-　) はドイツ・バーデン州のカントールで、現代に生きる苦しみ、悩みを見据えた新しい感覚の賛美歌を多く作っています。

　この賛美歌は、「主はこの時代の苦しみと悩みを担い」、「人々に出会われ兄弟となり」、「新しい自由の道を示し」、「その身をパンとして与え」、また

「分かたれた民をもひとつとなされる」と歌います。ドイツが東西に分裂していた時代には、これは切なる願いであり、祈りでした。(TS)

123　わたしはしゅのこどもです

　この賛美は、作者不詳となっていますが、『こどもさんびか』(1966)では、訳詞者が高田深雪、編曲者が草川宣雄と記載されています。さらに『日曜学校讃美歌』(1923)にも収録されており、そこには「我らは主のこどもらよ "We're a Band of children"」という原題が載っています。訳詞者は R. Otori、編曲者は草川宣雄となっています。

　"We're a Band of children"（わたしたちはこどもの群れです）を調べてみると、キャリー・エリス・ブレック Carrie Ellis Breck (1855-1934) が作詞した "Serving Jesus everywhere"（どこでもイエスさまに仕えます）の初行が "We're a Band of children" となっています。曲は別のものがつけられていますが、歌詞は3節からなっています。直訳しても現行の日本語詞は浮かび上がってきませんが、一つの可能性かもしれません。またマーガレット・W・スノッドグラス Margarette W. Snodgrass による "We're a band of children, children of the King"（わたしたちは王であるイエスさまのこどもの群れです）という詞が見られ、また、エドワード・S・アフォード Edward S. Ufford (1851-1929) の "Lamp Holders"（ランプを持った方）の初行が "We're a band of children, Working for our King"（わたしたちは王であるイエスさまのために働くこどもの群れです）となっています。20世紀初めごろのこどもの賛美歌に「わたしたちは主に従うこどもの群れ」という主題がしばしば歌われていたようです。

　この賛美歌は、ローマ8：16の「わたしたちは神の子供である」から触発されて生まれてきたのでしょう。「みことば受け」「人を愛し」「この世の悪うちやぶり」とイエスに従うこどもの姿を描いています。(JT)

124　あいのしゅイエスは　JESUS LOVES ME

　日本におけるプロテスタント宣教初期に、日本語に訳された賛美歌の一つ

で、「主われを愛す」の訳詞で親しまれてきました。『讃美歌21』484番には、「主われを愛す」「愛の主イェスは」の両方の訳詞が掲載されています。

　作詞者は**アナ・バートレット・ウォーナー** Anna Bartlet Warner (1820-1915)です。彼女はニューヨーク近郊に生まれ、エミー・ロスロップ Amy Lothropというペンネームで多数の小説を書きました。そして同じく文筆業の姉スーザンと共にウェストポイントのアメリカ陸軍士官学校の近くに住み、60年近くもバイブル・クラスを開き、生徒たちの宗教教育に尽くしました。

　この賛美歌は姉との共著である *Say and Seal* (1859) の挿入歌として書かれました。アメリカの教会音楽家**ウィリアム・ブラッドベリー** William B. Bradbury (1816-68) によってJESUS LOVES MEの曲が付けられ、*Golden Shower* (1862) に収録され、独立した賛美歌として実際に歌われるようになりました。ウィリアム・ブラッドベリーはローウェル・メーソン Lowell Mason (**76**番参照) の弟子で、後に協力者となりました。唱歌学校の指導や教会の聖歌隊長を務めた後、ドイツ・ライプツィヒに留学し2年後に帰国、日曜学校用を中心に精力的に賛美歌を作り、またピアノ製造業者としても成功しました。彼はまた音楽書、賛美歌集を多数編集出版するなど、19世紀アメリカの教会音楽家として極めてポピュラーな存在でした。彼の曲は歌いやすく、メーソンのものより叙情性が強く、五音音階の多用、単純な和声等、日本のプロテスタント初期の賛美歌集にも数多く採用されています。

　1872年秋の在日宣教師会議の際に、この歌ともう一つの賛美歌の日本語訳が宣教師ジェームズ・バラによって示され、一同で試唱したという記録が残っています。試訳は口語で、第1節は次の通りです。

　　エスワレヲ愛シマス、サウ聖書申シマス、彼レニ子供中、信スレバ属ス、
　　ハイエス愛ス、ハイエス愛ス、ハイエス愛ス、サウ聖書申ス

　しかしその2年後に出された最初の日本語賛美歌集では、すでに文語調の訳詞になっています。その後少しずつ改変され、『讃美歌』(1903) でほぼ現在よく知られている「主われを愛す」の形になりました。原歌詞中の "for the Bible tells me so"（というのは、聖書がそう告げるから）の部分はこの歌のキーワードというべき重要なフレーズですが、1903年以後の訳からは脱落してしまっていました。そこで『讃美歌21』では口語訳を新しく作り、その部分を「く

りかえし」に復活させ、『こどもさんびか改訂版』ではその口語訳を採用しています。

　今まで慣れ親しんできた文語訳ですが、ぜひこどもたちと共に、この新しい口語歌詞を用いて賛美していただきたいと思います。(MH)

125　イェス、イェス　CHEREPONI

　人種のへだてや立場の違いを超えて、私たちを愛される主イエスを歌った賛美歌です。「主の愛された　すべての人が　わたしのとなりびと」と歌うこの歌は「愛」の賛美歌ではありますが、聖書以外では滅多に表現されることのない弟子たちの足を洗われるイエスが描かれていることから、教会暦では「洗足木曜日」にもふさわしい歌となっています。

　原作者はマラウィとガーナで宣教師として働いた**トーマス・S・コルヴァン** Thomas Stevenson Colvin (1925-2000) であり、*Fill Us With Your Love* (Carol Stream, IL, 1981) という歌集に収められています。コルヴァンはアフリカのキリスト信徒たちに、自分たちの言葉や伝統的な音楽で賛美歌を書くことを勧め、それらの歌を英訳して紹介しています。

　CHEREPONIという旋律は、北ガーナのチェレポニでコルヴァンが聴きとめた現地の旋律の一つで、体を揺らしながら歌うこの歌の感触が、8分の6拍子に表されています。アフリカでは即興的な和声と共に唱和されることもしばしばあり、打楽器も導入して歌われたりします。

　コルヴァンは、スコットランドのグラスゴーに生まれてグラスゴー大学で教育を受け、初めはエンジニアとして仕事をしました。1954年に長老派の按手礼を受けてアフリカに赴き、宣教師として、また技術指導者として貢献しています。上記の歌集以外にも *Free to Serve* (Glasgow, 1968) や *Leap My Soul* (Glasgow, 1976) などが出版されており、1975年にイギリスへ戻ってからは南ロンドンで合同改革派バプテスト教会 United Reformed/Baptistの牧師を務めました。しかし1985年にはジンバブエのキリスト教協議会で仕事をし、1987年からは再びマラウィの教会へ戻っています。(YY)

126　うたいましょう

　この賛美歌は『こどもさんびか2』(1983)年に収録されており、1982年に**花房泉一**(**104番**参照)が作詞し、**二俣松四郎**(**93番**参照)が作曲しました。『こどもさんびか2』の編集委員をしていた二人が組んで作った賛美歌です。

　歌詞は「主イェスの大きな愛」を「歌いましょう」「学びましょう」「つたえましょう」「おどりましょう」と4節にわたって広げていきます。作曲者は「この歌詞を読んで、こどもたちがイエスさまの大きな愛を身近に感じられる素敵な詩だと感じ、その愛に感謝しつつ作曲しました」と述べています。

　伴奏譜にあるように、八分音符を主体とした伴奏で、はずむように弾くと、テンポ感が小気味よい賛美となります。(JT)

127　あさひうけて

　この賛美歌は、『こどもさんびか改訂版』では作詞者不詳、作曲者が**ウィリアム・B・ブラッドベリー**(**124番**参照)とされていますが、『こどもさんびか』(1966)の時点では、作詞者不詳のものを由木康(**49番**参照)が翻訳し、ブラッドベリーの曲を伊藤信夫が編曲したと記されています。さらに『日曜学校讃美歌』(1923)には原題が"Give, Said the Little Stream"となっています。

　その後の研究が進んで、この"Give, Said the Little Stream"の作詞者は**ファニー・J・クロスビー** Fanny J. Crosby (本名は**フランセス・J・ヴァン・アルスタイン** Frances Jane Van Alstyne [ファニーはフランセスの愛称、クロスビーは結婚前の姓]、1820-1915)ということが判明しました。ファニー・クロスビーは生後6週間で視力を失った女性の賛美歌作家です。彼女は質の高い教育を受けて英文法、修辞学、アメリカの歴史などを学びます。そして1858年に結婚し、1864年に初めての賛美歌を作ります。その時の作曲者はブラッドベリーでした。その後彼女は4000以上の賛美歌詞を作ります。この「あさひうけて」はその50年に及ぶ創作期間の間でも、最初の4年間(ブラッドベリーが亡くなる前)に作られた賛美歌といえます。

原詞では、「『与えなさい！』と小川は言った」とあり、与えることの大切さを歌っています。「私は小さな存在だけれども、私が行くところはどこでも緑へと変えてくださる。だから一日中『与えなさい！』と歌いましょう。」という歌詞になっています。申命記16：17の「主より受けた祝福に応じて、献げ物を携えなさい」や使徒言行録20：35の「受けるよりは与える方が幸いである」という聖句を純粋に歌詞にしたものですが、日本語歌詞よりも原詞は数倍勢いがあり、「与えなさい」という言葉が何度も繰り返して歌われています。(JT)

128　うえているひとと　BRICH MIT DEN HUNGRIGEN DEIN BROT

　「うえている人」、「ちんもくする人」、「悲しみの人」、「友のない人」、「むきりょくな人」……私たちのまわりにはこのような人々が多くいます。私たちは、それらの人々の存在に気づかず、また仮に気づいても、無視し認めようとしません。もしかすると、私たち自身がそのような人の一人であるかも知れません。

　原詞は、上記の5つのキーワードを用い、(順にa, b, c, d, eとすると)、1節はabcd、2節はeabc、3節はdeab、4節はcdea、5節はbcdeとくりかえされる循環詩の形式を採っています。残念ながら、この詩の構造まで日本語歌詞に訳出することはできませんでしたが、「愛におしだされて、主の後につづこう」という各節のくりかえしが、従来の愛を歌った賛美歌とは違ったアプローチをしています。この表現は新しいだけでなく、私たちの前向きな行動を促すものです。

　詞も曲も1977年に生まれた新しい歌です。時代を反映した、この時代でなければ生まれなかった問題意識を持ち、問題提起を行う歌です。

　作詞者はドイツ中部・カッセルに生まれた牧師の**フリードリッヒ・カール・バルト** Friedrich Karl Barth (1938-)、作曲者はカトリックの若者たちの集まりやキルヘンターク (**122**番参照) に新しい賛美歌を数多く提供している**ペーター・ヤンセンス** Peter Janssens (1934-98) です。彼自身、演奏家であり、おびただしい数の歌曲、歌、ミュージカルの作曲家として精力的に活動し、音

楽出版も手がけました。(TS)

129　どんなときでも　AI

『こどもさんびか2』の応募作品として採用された歌です。

作詞者**高橋順子**(たかはしじゅんこ)(1959-67)は作詞当時、骨肉腫の患者として病床にありました。苦しい闘病生活の中でこの詞を作り、7歳という短い生涯を終えて天に召されました。

『こどもさんびか2』の編集作業が進められていた1980年、委員会にこの歌詞が送られてきました。病床にあった作者を、作者の母親と共にかたわらにいて励ましていた福島新町教会CS教師冷泉(れいぜい)アキ氏からでした。

短い生涯でしたが、病と闘い、くじけそうになる小さいからだを励ましてくださるイエスさまを身近に感じていたことでしょう。イエスの愛を信じて生き、天に召されていった作者の生きざまが、賛美歌として歌われ、人々を励ます歌になれば、と願っています。

作曲者**高浪晋一**については**105番**を参照。この曲は『こどもさんびか2』のために委嘱して作られました。歌詞の内容にふさわしい曲です。(YS)

130　いつくしみふかい　WHAT A FRIEND (CONVERSE)

日本で最も親しまれている賛美歌と言ってもよいでしょう。『讃美歌21』で口語化が行われ、それと共に、原詞を忠実に訳す努力も行われました。その結果、そのメッセージが直接に伝わる歌になりました。

作詞者**ジョゼフ・スクライヴン** Joseph Medlicott Scriven (1819-86) は、アイルランド生まれで、ダブリンのトリニティ・カレッジに学びました。頑健でなかったために最初に志した職業を諦めたり、婚約者を結婚直前に失うという不幸を2度も経験しました。カナダに渡った後は、身体に障がいのある人や貧しい人々のためにヴォランティアをしましたが、晩年はうつ病であったと言われます。

この詞は、1855年に母親を慰めるために書いたと言われています。

この詞にWHAT A FRIEND (CONVERSE) の曲を書いたのが、**チャールズ・コンヴァース** Charles Crozat Converse (1832-1918) です。ライプツィヒで音楽を学び、帰国後はアルバニー大学で法律を学びました。管弦楽や室内楽の作品、合唱曲なども残しています。教会学校や伝道運動で、音楽伝道者アイラ・サンキー Ira D. Sanky (1840-1908) に協力しました。サンキーの *Gospel Hymns and Sacred Songs* (1875) に収められて、この歌が広く知られるようになりました。

典型的な唱歌形式AA'BA'で構成され、音階もほとんどペンタトニックで書かれています。その親しみやすさゆえか、日本では、この曲に「月なきみ空にきらめく光」という詞が付けられ、「星の昇」と題されて、文部省唱歌としても歌われました。

原詞では"Take it to the Lord in prayer"という言葉がくりかえしのように使われており、この歌の主題が「祈り」であることがはっきり分かるようになっています。「うれい」や「罪」が「ぬぐいさられる」のも (1節)、「つねにはげましをうける」のも (2節)、「ささえ、みちび」かれるのも (3節)、皆、祈りのうちに経験することであることが強調されています。(RM)

131　かなしいことがあっても

この賛美歌は、**生地善人**（おんじよしと）(1960-　) によって、1992年に教会学校を卒業する生徒のために作られました。作者は大阪で生まれ、大谷大学を卒業、同志社大学大学院を修了後、日本基督教団大森めぐみ教会、渋川教会、名寄教会、筑波学園教会、高崎教会牧師を歴任します。中学生の時にエレキ・ギターと出会い、ロックの世界にのめり込んでいきました。同じロックでもビートルズのように常に新しい音楽性を指向していくものよりも、ローリング・ストーンズやザ・バンド、憂歌団のように、ブルースの基本を踏襲しながら、掘り起こしていくタイプのものに熱中しました。

1992年の3月、当時渋川教会の教会学校では、中学を卒業する生徒に賛美歌をプレゼントしていました。それは「次週からは教会学校ではなく、主日礼拝に来てください」という意味あいと、「これから社会に出て行く中で、

きっと賛美歌があなたの側であなたを慰め支えてくれますよ」という2つの意味あいがありました。しかし渋川教会の牧師であった作者は、賛美歌集だけでは何かが足りない、もっと生きたプレゼントをしてやりたい、と前の晩に悩みながらこの「かなしいことがあっても」を作りました。これが私にできる卒業生への生きたはなむけの歌だよ、と卒業する生徒の前でギターで演奏しながら歌いました。

　この賛美は、Ⅰ-Ⅳ-Ⅰ-Ⅴ-Ⅰの典型的なブルース調で始まり、Ⅰ-Ⅳ-Ⅰ-Ⅰ-Ⅴ-Ⅰの前半が終わると、後半の「サビ（音楽で最も盛り上がる部分）」に入ります。これはラグタイムという音楽の影響を強く受けています。しかし、それが全編3拍子であることが、この曲の個性として際立っています。歌詞は作者が牧師として、「人生は前途多難かもしれない、でもイエスさまがいつもきみの横に寄り添ってくださって、守ってくださるだろう」という卒業生たちに向けた祈りそのものとなっています。(JT)

132　きみがすきだって　KINDERMUTMACHLIED

　原題はKindermutmachlied「こどもを勇気づける歌」です。こどもに勇気を与えるものは「誰かが認めてくれること」(1節)であり、「誰かから必要とされること」(2節)であり、「同伴者がいること」(3節)であり、そして「神さまが助けてくれること」(4節)だということを、こどもの気持ちに寄り添う素直な表現で歌う明るい賛美歌です。

　詞・旋律ともにドイツ人の牧師であり作家である**アンドレアス・エバート** Andreas Ebert (1952-)によって書かれました。エバートは東ベルリンの非キリスト教の貧しい画家の家庭に生まれ、翌年西ベルリンに移ります。こども時代に参加した教会のキャンプで大きな感化を受けて7歳で受洗しました。寄宿学校時代には教会の児童合唱団で歌い、若い頃に牧師になる志を与えられ、ギムナジウム卒業後ノイエンデッテルスアウ、ハイデルベルクなどで学んだ後にルター派教会の牧師になりました。エバートはこの賛美歌を、彼が26歳だった牧師研修中にノルウエーの保養先で書き、1979年のニュルンベルクキルヘンタークの賛美歌コンテストに応募して最優秀賞を与えられ

ました。その後ニュルンベルクのフロレンツ教会、ミュンヘンのルカ教会などで牧師として働いた後、現在はミュンヘンにある聖マルティン霊性センターの所長として、霊性を養う研修会や黙想会を行っています。彼が25歳の時に出会ったフランシスコ会のリチャード・ローアと共に著した『エニアグラム・魂の9つの顔』は45万部刊行され、今もエニアグラムの講習会が行われています。

　この歌は1998年に出版され、エバート自身が編集責任者となったドイツのこどもさんびか *Das Kindergesangbuch* から採られましたが、その歌集とセットで販売されているCDでは「ラララ……」の部分は付点をつけて跳ねるように歌われています。みなさんも試してみてはいかがでしょう？「こどもを勇気づける歌」ですから、気落ちしているこどもたちのためのお話の後はもちろん、わたしたち自身が誰かを勇気づけよう、というメッセージにもふさわしいと思います。(KO)

133　あるこう　みんなともに　SIYAHAMBA

　南アフリカの賛美歌です。ドイツで発行された国際的・エキュメニカルな賛美歌集 *Thuma Mina* (1995)で紹介されています。原詞 "Siyahamba" はズールー語で、*Thuma Mina* にはドイツ語、英語、スペイン語の訳詞が収録されています。どの言語でも「神の光の中を歩こう」という内容がくりかえし歌われます。

　2拍の中に四分音符を3つ当てはめるリズムに戸惑うかもしれませんが、南アフリカの民衆音楽のリズムを便宜的に西洋音楽の楽譜に書き記したものなので、厳密に等分することにとらわれることはないでしょう。歌いながら入堂・退堂したり、打楽器や手作りの素朴な楽器を用いて歌ったりすることもできます。(AS)

134　しょうりをのぞみ　WE SHALL OVERCOME

　『讃美歌第二編』(1967)164番「勝利をのぞみ」をわずかに手直しして『讃美

歌21』に採用されたもので、すっきりと口語化されました。

　アメリカの公民権運動のテーマ・ソングのように歌われた歌ですが、その原形についてはいろんな説があります。まず、チャールズ・A・ティンドリーが1901年に書いた"I'll overcome someday"(*New Songs of Paradise*, 1941) の一部を転用し、そこから発展させたものではないかという説ですが、これは詞形と拍子が違うことから現在では無理があると考えられています。次に、*The European Magazine and London Review* (1792) に現れる"We shall overcome"というアフリカ系アメリカ人の霊歌が原形ではないかという説です。この歌詞はSICILIAN MARINERS (**70番**の曲) につけられており、最初の8小節が非常によく似た旋律です。アフリカ系アメリカ人の霊歌との結びつきは論証されていませんが、SICILIAN MARINERSが船員との関連の強い曲であるため、この旋律は、アフリカからヨーロッパを回って奴隷としてアメリカへ連れてこられた人たちの、船上での労働歌のようなものだったのかもしれないという説もあります。

　いずれにしても1940年代になってこの歌は口伝で広がり、アフリカ系アメリカ人の労働条件改善のストライキや人種差別撤廃運動などで歌われました。アメリカでも賛美歌集に収録される例は少なくなりましたが、ほぼ5節版が定着しているようです。『讃美歌21』『こどもさんびか改訂版』の日本語版は、その第1～4節にあたります。(YY)

135　きゅうこんのなかには　PROMISE

　『讃美歌21』発行10周年を記念して行われたアンケートでは、他の曲を大きく引き離して、好きな歌1位に選ばれました。この歌の持つ抒情性と神秘性が、日本という社会の心性にぴったりと合うからでしょう。

　作詞・作曲は**ナタリー・スリース**Natalie Allyn Wakeley Sleeth (1930-1992)。牧師である夫の赴任地、ハイランドパーク合同メソジスト教会で音楽主事を務め、同時に南メソジスト大学でロイド・プファウチLloyd Pfautsch (1922-2003)の講義を聴講しました。

　この歌は、元はピアノ伴奏付きの合唱曲として1985年に作曲されました

が、合同メソジスト教会の *The United Methodist Hymnal* (1989) に賛美歌として収められ、その後、多くの賛美歌集に収められるようになりました。

　本人の回想によれば、1985年の春、命と死、春と冬、受難と死などについて思い巡らせる時期があり、その時、訪ねてきた友人とこれらのことについて語っていたとき、T・S・エリオットの詩にある言葉 "In our end is our beginning" が引き合いに出されました。それが、この歌を作るきっかけとなったそうです。エリオットの言葉は、原詞では、そのまま、3節の冒頭に用いられています。

　詞には、「球根」と「花」、「さなぎ」と「はばたく」、「冬」と「春」、「ちんもく」と「歌」、「やみ」と「夜明け」など、対になる言葉が注意深く選ばれているのが分かります。そうして、命がない、眠ってしまっていると思えるものの中に、すでに、躍動するもの、命そのものが含まれていることを、分かりやすく、感動的に伝えています。それらの積み重ねによって、「死」は「復活」に変えられることを、実感することができるようになります。しかも、それがいつ起こるのか私たちの知りうることではなく、ただ、神だけが知っていることなのだという表現が、この歌を単に抒情的なものではなく、信仰に基づくものとしています。

　葬儀や故人の記念の際に歌うのにふさわしい歌ですが、イースターや聖徒の日にも用いることができます。(RM)

136　めぐみのかみさま　SHU NO MIKATE

『こどもさんびか』(1966) の編集作業の中で、こどもが食前に歌える歌が欲しい、ということになり、この歌の誕生となりました。

　はじめはいろいろな事柄が歌われた詞だったのですが、検討の過程であっちが削られこっちが削られ、本当に必要な言葉だけが残りました。「食前感謝の祈り」の歌として用いてください。

　作詞者**佐伯幸雄**については**6**番を参照。作曲者**松田孝一**については46番を参照。(YS)

137　かみさまにかんしゃ　KANSHA

　この歌は『こどもさんびか2』の1ページを飾るにふさわしい歌でした。賛美歌の中心の一つは神に対する感謝です。『こどもさんびか2』編集作業の中で作られた歌で、最も短いことばで神に向かって感謝を表すにふさわしい歌になりました。

　作詞者花房泉一については**104番**を参照。

　作曲者小山章三については**49番**を参照。恩師である岡本敏明氏の召天後、彼は讃美歌委員を務めていました。当時、委員会は『こどもさんびか2』の編集を進めていた頃でした。

　「ある日の会議に出された『かみさまにかんしゃしましょう』は、席上で歌詞を読んでいるうちにメロディーが浮かんできた。『作曲は作直で……』という岡本先生の教えを実行してできた歌だと思う。"こどもとおとながいっしょに歌うさんびか！"なんとすばらしいことでしょう」とは、作曲者の言葉です。

　「よいものを」というところに「イェスさまを」「ともだちを」「平和を」と、その時々にあわせて言葉を入れて歌うといろいろな場で幅広く歌える歌になります。(YS)

138　マリ　マリ　ティ　イェスさま　MALI MALI TI YISUSAMA

　台湾原住民＊の一民族パイワン族の賛美歌です。台湾原住民の多くは古来から歌や踊りをたいせつにしてきましたが、そうした文化がキリスト教の礼拝の中にも取り入れられています。また、若い世代を中心としてピアノやギター、ドラムなどの楽器を用いる賛美も盛んです。この賛美歌も、パイワン族の伝統的な歌唱法、現代ポップスのアレンジの両方で歌われています。

　台湾では日本に植民地支配されていた時代から、山岳地帯に住む原住民にキリスト教が浸透しました。そのため、「イエスサマ」「カミサマ」「セイレイ」など、キリスト教の言葉の中に日本語が残っています。この賛美歌の「イェスさま」の部分はパイワン語でも「イェスサマ」と歌われています。日本や中

国によって、名前や言葉、生活習慣などを奪われた歴史を持つ台湾原住民の人びとは、今、自分たちらしさをたいせつに守ってゆこうとしています。神学教育の現場でも、それぞれの民族の言葉で説教をするための教育が行われています。

　日本の民謡にも多くみられる五音音階の曲で、親しみやすい曲調です。東アジアの隣人同士の古くからの交流がうかがえます。(AS)

　　＊**原住民**……ある土地に昔から住んでいた人びとのことを日本では一般的に「先住民」「先住民族」と表記することが多いですが、漢語では「すでに滅んでしまった民族」という意味ととらえられるため、台湾原住民の人びと自身が「原住民」という呼称を用いています。

139　ハクナ　ワカィタ　サ　イェス　HAKUNA WAKAITA SA JESU

　ジンバブエの賛美歌です。原詞はショナ語で「イエスさまのようなかたはほかにはおられない。どこまでも行ってずっとさがし続けている」という内容の歌詞です。日本語詞ではさらに「イエスさまを真ん中に、いっしょに話を聞いて語り合おう」と歌います。ズールー語やスワヒリ語などアフリカの諸言語や英語にも翻訳されて歌われています。

　2000年前にイエスさまと出会った人びとも、イエスさまのみ言葉を聞こうと、イエスさまをどこまでも熱心に追いかけて行きました。アフリカ諸国の賛美歌にみられる素朴で率直な信仰表現は、わたしたちにとっては新鮮なものですが、聖書に登場する民衆の信仰に通じるものがあります。

　礼拝の初めや聖書朗読、説教の前に歌うと良いでしょう。諸外国では打楽器やダンスを伴って歌われることが多い賛美歌です。(AS)

140　みんなでへいわを

　『こどもさんびか改訂版』のための公募作品から採用されました。
　作詞者**中村吉基**(なかむらよしき)(1968-)は石川県に生まれました。小学生の時に東京・日本基督教団杉並教会の教会学校に通い始め、1983年に石川・金沢教会で

受洗しました。中学生の頃から詩の創作を始め、大阪芸術大学文芸学科で詩学を専攻、卒業後は郷里金沢の高校で国語の教師になりました。その後、日本聖書神学校へ進み、卒業後直ちに新宿での開拓伝道を始めました。

作詞者が神学生時代に奉仕していた東京・霊南坂教会の教会学校のペンテコステ礼拝で、幼稚園児から高校生に向けて各国語の「平和」の文字を紹介しながらメッセージをした時、こどもたちが喜んで「ピョンファ」「ピース」と声を発しているのを目の当たりにしました。その日のうちに作詞し、後に友人である塩田尚史に作曲を依頼し、この賛美歌が生まれました。

作曲者の**塩田尚史**（しおたひさし）(1957-)は京都府に生まれました。関西学院大学社会学部で視覚障がい福祉を専攻し、現在はキリスト教学校教育同盟事務局に勤務しています。関西学院聖歌隊で教会音楽に接し、合唱とパイプオルガンを学びました。東京・日本基督教団東中野教会オルガニスト、聖歌隊指揮者、音楽委員長を務めています。また、『讃美歌21』では編集実務にあたり、179番「わたしの心は」の作曲もしています。

この賛美歌は後半で各国の言葉で「平和」を叫びますが、前半のメロディ部分で「平和を叫ぶ」気持ちを高めていってほしいとの願いを込めて作曲したとのことです。

この賛美歌が韓国の教会に紹介された際、作詞者は一つの要望を出しました。それは、「ピョンファ」を「へいわ」に替えて歌ってほしい、というものでした。18か国語の最初に日本のこどもたちは「ピョンファ」、韓国のこどもたちは「へいわ」と歌うことで、お互いを思いやってほしい、そのような小さなことから未来には大きな「へいわ」を築き合う人になってほしいという祈りが込められています。

後半部分は各言語ごとにリーダーとみんなでコール＆レスポンスすることもできます。(AS)

ともにいのる

　歌集188頁以降は「主の祈り」「十戒」「使徒信条」「交読詩編」です。「主の祈り」は『讃美歌21』と同じ1880年訳、日本キリスト教協議会統一訳、教会音楽祭委員会訳の3つに、日本聖公会／ローマ・カトリック教会共通口語訳が加えられています。「十戒」は新共同訳聖書に準拠、「使徒信条」は教会教育用口語訳です。「わたしたちのいのり」はそれぞれの状況に応じた14のお祈りですが、『みんなで歌おう　こどもさんびか改訂版ガイド』にはさらにたくさんの用例があります。「交読詩編」はこどもたちと交読しやすい20編が収められています。

● 番号対照表 ●

『こどもさんびか改訂版』▶『讃美歌21』

2 …… 205	38 …… 123	70 …… 260	108 …… 421
4 …… 6	39 …… 161	71 …… 254	113 …… 425
12 …… 351	40 …… 171	72 …… 258	114 …… 470
19 …… 62	41 …… 172	73 …… 263	116 …… 547
20 …… 69	42 …… 177	74 …… 264	118 …… 544
21 …… 198	43 …… 182	75 …… 262	119 …… 507
22 …… 553	44 …… 184	76 …… 261	121 …… 509
23 …… 304, 432曲	45 …… 185	79 …… 280	122 …… 419
24-1 …… 65-1	47 …… 189	80 …… 284	124 …… 484
24-2 …… 64	49 …… 194	81 …… 290	125 …… 487
25 …… 24	50 …… 190	82 …… 307	128 …… 486
26 …… 26	54 …… 57	83 …… 315	129 …… 533
27 …… 32	55 …… 200	85 …… 305	130 …… 493
28 …… 38	58 …… 60	89 …… 325	134 …… 471
30-1 …… 39-5	61 …… 105	90 …… 331	135 …… 575
30-2 …… 39-6	64 …… 241	91 …… 333	136 …… 489
31 …… 43-3	65 …… 242	92 …… 337	137 …… 490
32 …… 46	67 …… 251	95 …… 417	
33 …… 85	69 …… 269	103 …… 386	

『讃美歌21』▶『こどもさんびか改訂版』

6 …… 4	171 …… 40	262 …… 75	421 …… 108
24 …… 25	172 …… 41	263 …… 73	425 …… 113
26 …… 26	177 …… 42	264 …… 74	432曲 …… 23
32 …… 27	182 …… 43	269 …… 69	470 …… 114
38 …… 28	184 …… 44	280 …… 79	471 …… 134
39-5 …… 30-1	185 …… 45	284 …… 80	484 …… 124
39-6 …… 30-2	189 …… 47	290 …… 81	486 …… 128
43-3 …… 31	190 …… 50	304曲 …… 23	487 …… 125
46 …… 32	194 …… 49	305 …… 85	489 …… 136
57 …… 54	198 …… 21	307 …… 82	490 …… 137
60 …… 58	200 …… 55	315 …… 83	493 …… 130
62 …… 19	205 …… 2	325 …… 89	507 …… 119
64 …… 24-2	241 …… 64	331 …… 90	509 …… 121
65-1 …… 24-1	242 …… 65	333 …… 91	533 …… 129
69 …… 20	251 …… 67	337 …… 92	544 …… 118
85 …… 33	254 …… 71	351 …… 12	547 …… 116
105 …… 61	258 …… 72	386 …… 103	553 …… 22
123 …… 38	260 …… 70	417 …… 95	575 …… 135
161 …… 39	261 …… 76	419 …… 122	

『こどもさんびか改訂版』 ▶ 『こどもさんびか』

2	11曲	40	88	82	32	111	143
3	14	46	65	83	112	114	119
5	48	47	100	84	127	116	80
6	102	48	66	86	40	117	130
8	1	49	5	87	113	118	138
9	9	53	67	88	115B	119	53
10	10	55	72	89	41	120	36
11	86	56	71	93	42	123	51
12	8	58	103	97	3	124	35
15	137	60	73	98	126	126	90
17	55	62	117	100	77	127	63
18	97	63	109	101	135	129	120
21	104	70	26	104	76	130	61
24-1	17	74	27	105	93	136	79
24-2	116	76	28	106	129	137	85
35	84	77	22	108	141		
37-1	140A	78	21	109	136		
37-2	140B	79	30	110	12		

『こどもさんびか』 ▶ 『こどもさんびか改訂版』

1	8	36	120	79	136	117	62
3	97	40	86	80	116	119	114
5	49	41	89	84	35	120	129
8	12	42	93	85	137	126	98
9	9	48	5	86	11	127	84
10	10	51	123	88	40	129	106
11曲	2	53	119	90	126	130	117
12	110	55	17	93	105	135	101
14	3	61	130	97	18	136	109
17	24-1	63	127	100	47	137	15
21	78	65	46	102	6	138	118
22	77	66	48	103	58	140A	37-1
26	70	67	53	104	21	140B	37-2
27	74	71	56	109	63	141	108
28	76	72	55	112	83	143	111
30	79	73	60	113	87		
32	82	76	104	115B	88		
35	124	77	100	116	24-2		

こどものさんびか年表

1890（明23）	童蒙讃美歌
	日曜学校うたあつめ
1892（明25）	幼稚園唱歌
1894（明27）	新撰譜附クリスマス讃美歌
	クリスマス唱歌（A.L.ハウ撰）
1895（明28）	わらべうた　第壹集、第貳集
1896（明29）	幼稚園唱歌　続編
1898（明31）	基督教福音唱歌（三谷種吉）
1900（明33）	基督教福音唱歌（三谷種吉、譜付版1901）
1901（明34）	ゆきびら　少年讃美歌集
	日曜學校聖歌集
1903（明36）	うれしき鐘歌（酒井勝軍）
1906（明39）	日曜唱歌（湯谷紫苑）
1909（明42）	讃美歌第二編
	新撰日曜学校讃美歌新楽譜
1911（明44）	少年福音歌
1917（大6）	こども聖歌集（聖公会）
1919（大8）	新作　日曜学校唱歌集第二編（由木康）
1920（大9）	讃美歌マーチ
1923（大12）	日曜学校讃美歌（日本日曜学校協会）
1924（大13）	聖書唱歌（由木康）
1925（大14）	こども聖歌集　銀の星（津川主一）
1927（昭2）	日曜学校・幼稚園聖歌集（津川主一）
1928（昭3）	日曜学校讃美歌　改訂増補（日本日曜学校協会、児童用旋律版1931）
1935（昭10）	をさなごの歌（由木康、津川主一）
1943（昭18）	興亜少年讃美歌（日本基督教音楽協会）
1944（昭19）	日曜学校讃美歌〈戦中版・時局版〉（日本基督教団日曜学校局）
1947（昭22）	日曜学校讃美歌〈戦後・臨時版〉（日本基督教団日曜学校部）

1949（昭24）		日曜学校讃美歌（日本基督教団日曜学校部）
1953（昭28）		こどもさんびか（日本基督教団教育委員会）
		子供聖歌集（聖公会）
		こども聖歌集（深津文雄）
1956（昭31）		幼児さんびか（キリスト教保育連盟）
		救いの聖歌（いのちのことば社）
1960（昭35）ごろ		児童聖歌集（聖公会）
1963（昭38）		教会学校さんびか（ルーテル）
1964（昭39）		こどもぐんか（救世軍）
1965（昭40）		ふくいん子どもさんびか（日本児童福音伝道協会）
1966（昭41）		こどもさんびか（日本基督教団教育委員会）
1968（昭43）		教会学校せいか（日本日曜学校助成協会）
1969（昭44）		幼児さんびか（キリスト教保育連盟）
		こども聖歌（聖公会）
1971（昭46）		教会学校さんびか　幼児・低学年用（ルーテル）
1973（昭48）		教会学校さんびか増補版〈63年版71年版合本〉（ルーテル）
1975（昭50）		幼児聖歌集1、2（日本カトリック幼稚園連盟）
		こども讃頌歌（在日大韓）
1976（昭51）		おひさまおはよう（キリスト教保育連盟）
1977（昭52）		インマヌエル教会学校さんびか
1978（昭53）		こどものさんびか100曲（こどものさんびか同人会1978、1979、1980）
1982（昭57）		教会学校日曜学校子どもさんびか（ホーリネス）
1983（昭58）		こどもさんびか2（日本基督教団讃美歌委員会）
		オリニ・チャンソンガ　こどもさんびか
1987（昭62）		こどもさんびか〈66年版83年版合本〉（日本基督教団讃美歌委員会）
1991（平3）		幼児さんびか2（キリスト教保育連盟）
2002（平14）		こどもさんびか改訂版（日本基督教団讃美歌委員会）

● 日本語初行索引 ●

あいのしゅイェスは……………… 124
あかるいひかりを………………… 11
あさひうけて……………………… 127
あのよる しゅイェスが ………… 23
アブラハム、アブラハム………… 44
あらののはてに…………………… 73
あるこう みんなともに ………… 133
あれののなかで…………………… 80

イェス、イェス…………………… 125
イェスさまいるってほんとかな… 16
イェスさまがきょうかいを……… 118
イェスさま きょうもわたしを … 7
イェスさまのことばが…………… 6
イェスさまのじゅうじかを……… 84
イェスのになったじゅうじかは… 85
いざうたえ、いざいわえ………… 70
イースターのあさはやく………… 88
いつくしみふかい………………… 130
いばらのかんむりかぶせられ…… 83
いまそなえる……………………… 24-1
いまでかけよう…………………… 36

うえているひとと………………… 128
うたいましょう…………………… 126
うつくしいあさも………………… 97
うまれるまえから………………… 116
ウリエイウッソン………………… 108
うれしいあさよ…………………… 3

おことばしんじ…………………… 93
おそいくるライオン……………… 48
おとまりください………………… 66
おどりでるすがたで……………… 81
おなかのすいたイェスさまに…… 51
おはよう！きょうはにちよう！… 1
おほしがひかる…………………… 77

かいばおけにすやすやと………… 69
かいばおけにねむる……………… 68
かなしいことがあっても………… 131
かみさまがつくられた…………… 112

かみさまにかんしゃ……………… 137
かみさまのあいは………………… 40
かみさまはそのひとりごを……… 49
かみはそのひとりごを…………… 20
ガリラヤのかぜかおるおかで…… 54
ガリラヤのむらを………………… 61

きけ、てんしのうた……………… 75
きたりたまえわれらのしゅよ…… 64
きみがすきだって………………… 132
きゅうこんのなかには…………… 135
きょうだいげんかを……………… 15
きょうはひかりが………………… 2
きょうもみんなに………………… 105
きよしこのよる…………………… 74
キリエ・エレイソン……………… 27
キリスト・イェスは……………… 89
キリストがわけられた…………… 22
キリストのへいわ………………… 34

くさのめきのめが………………… 87
グロリア、グロリア……………… 29
グローリア、グローリア………… 28
グロリア、グロリア、グロリア… 26

こえのかぎり かみをたたえよ！… 14
こころをあわせ…………………… 18
こすずめも、くじらも…………… 113
コスレボナヨ……………………… 111
コップのみずや…………………… 59
こどもをまねく…………………… 5
ことりたちは……………………… 10
ことりもとびさるふゆのさなか… 71
このはなのように………………… 115

さあダビデのように……………… 13
さあ てをくんで ……………… 117
さあ、ともにいきよう…………… 122
サウロよ…………………………… 62
さようならグッバイ（1）……… 37
さようならグッバイ（2）……… 37
サント サント サント ………… 33

しずかにしずかに………………… 104
しずかにはいろうよ……………… 107

しゅイェスのみちを ……… 120	ハレルヤ（2） ……… 30
しゅイェスは でしたちを ……… 52	ハレルヤ、うたえ……… 41
しゅイェスはまことのぶどうのき ……… 60	
しゅにしたがうことは……… 119	ひかりのこになるため……… 121
しゅのふっかつ、ハレルヤ……… 91	ひつじかいむれを……… 67
しゅはよみがえられた……… 90	ひとははたけをよくたがやし ……… 103
しゅよ、おいでください……… 31	ひらけ、とこしえのとびらよ……… 38
しゅをまちのぞむアドヴェント……… 65	
しょうりをのぞみ……… 134	ふしぎなかぜが……… 94
	ふねがきます……… 63
すべてのひとよ……… 32	ふるいものはみな……… 99
せいなるせいなる……… 12	ペトロは……… 53
せいれいによりて……… 95	
せいれいよ、きてください……… 96	ほめうたうたえ……… 43
せかいのこどもは……… 100	
	まきびとひつじを……… 72
たたえよ、このひ……… 92	まごころこめ……… 24-2
たたえよ、しゅのたみ……… 25	マニフィカート……… 42
ダビデのこ、ホサナ……… 82	まぶねのなかに……… 79
たびにつかれて……… 45	マリ マリ ティ イェスさま ……… 138
たびのとちゅうで……… 57	
	みことばいまうけ……… 35
ちいさいこどもの……… 47	みよ、しゅのかぞくが……… 39
ちいさいひつじが……… 55	みんなでたたえましょう……… 8
	みんなでへいわを……… 140
つきはそらから……… 98	
つくりぬしをさんびします……… 4	むぎのたねまきます……… 56
てをあわせ……… 17	めぐみうけて……… 9
てんにいますわたしたちのちち……… 19	めぐみのかみさま……… 136
とおくのひがしから……… 78	もろびとこぞりて……… 76
どんどこどんどこ……… 106	
どんなときでも……… 129	やさしいめが……… 114
どんなにちいさいことりでも……… 58	
	よあけのほしが……… 86
ナイルのきしの……… 46	ヨセフのいいなずけ……… 50
にひきのさかなと……… 21	ロケットにのって……… 109
ハクナ ワカィタ サイェス……… 139	わたしたちのたべるもの……… 102
はたけにおやさい……… 101	わたしはしゅのこどもです……… 123
ぱらぱらおちる……… 110	
ハレルヤ（1）……… 30	

● 原歌詞初行一覧 ●

2	This is the day of light
3	I'm glad the golden sunlight
4	We praise You, o God
8	Praise him, praise him, all ye little children
10	A little tiny bird
12	Holy, holy, holy, Lord God almighty
13	Se o Espírito de Deus se move em mim
14	With a hoot and a toot
16	How is Jesus present?
20	Father welcomes all his children
23	To mock your reign
24-1	We bring these our gifts
25	Praise God, from whom all blessings flow
26	Gloria, Gloria, Gloria
28	Gloria, Gloria
31	Kum ba yah, my Lord, kum ba yah
32	Laudate omnes gentes
33	Santo, santo, santo
38	Lift up the gates eternal
43	Blessed be the God of Israel
44	Abraham, Abraham, verlaat je Land
45	As Jacob with travel was weary one day
50	To a maid engaged to Joseph
55	The Good Shepherd
59	Small things count
61	It fell upon a summer day
64	Ô Dieu du clémens
65	Wir sagen euch an den lieben Advent
67	While shepherds watched their flocks
68	See him lying on a bed of straw
69	Away in a manger
70	O du fröliche
71	Estennialon de tsonue Jesus ahatonnia
72	The first Nowell the angel did say
73	Les anges dans nos campagnes
74	Stille Nacht, heilige Nacht!
75	Hark! the herald angel sing
76	Hark the glad sound! the Savior comes
80	Forty days and forty nights
81	I danced in the morning
82	Hoosianna, Daavidin Poika
85	Met de boom des levens
89	Surrexit Christus hodie
90	Surrexit Dominus vere
91	Mfurahini, haleluya
92	Hail the day that sees him rise
95	We are one in the Spirit
96	Komm, heiliger Geist
97	Father, we thank thee
98	Der Mond ist aufgegangen
99	The old year now away is fled
103	Wir pflügen und wir streuen
107	Eu vou chegar bem de mansinho para entrar na Casa do Senhor
108	우리의 이웃은
111	कसले बनायो
113	God of the sparrow
119	In his steps I follow
121	I want to walk as a child of the light
122	Damit aus Fremden Freunde werden
123	We're a Band of children
124	Jesus loves me, this I know
125	Jesu, Jesu, fill us with your love
127	Give, said the little stream
128	Brich mit den Hungrigen dein Brot
130	What a friend we have in Jesus
132	Wenn einer sagt: Ich mag dich
133	Siyahamb' ekukhanyen' kwenkhos'
134	We shall overcome
135	In the bulb there is a flower
138	Mali mali ti Yisusama
139	Hakuna wakaita sa Jesu

● 原詞初行索引 ●

英語 (English)

A little tiny bird	10
As Jacob with travel was weary one day	45
Away in a manger	69
Blessed be the God of Israel	43
Father welcomes all his children	20
Father, we thank thee	97
Forty days and forty nights	80
Give, said the little stream	127
God of the sparrow	113
Hail the day that sees him rise	92
Hark the glad sound! the Savior comes	76
Hark! the herald angel sing	75
Holy, holy, holy, Lord God almighty	12
How is Jesus present?	16
I danced in the morning	81
I want to walk as a child of the light	121
I'm glad the golden sunlight	3
In his steps I follow	119
In the bulb there is a flower	135
It fell upon a summer day	61
Jesu, Jesu, fill us with your love	125
Jesus loves me, this I know	124
Kum ba yah, my Lord, kum ba yah	31
Lift up the gates eternal	38
Praise God, from whom all blessings flow	25
Praise him, praise him, all ye little children	8
See him lying on a bed of straw	68
Small things count	59
The first Nowell the angel did say	72
The Good Shepherd	55
The old year now away is fled	99
This is the day of light	2
To a maid engaged to Joseph	50
To mock your reign	23
We are one in the Spirit	95
We bring these our gifts	24-1
We praise You, o God	4
We shall overcome	134
We're a Band of children	123
What a friend we have in Jesus	130
While shepherds watched their flocks	67
With a hoot and a toot	14

オランダ語 (Dutch)

Abraham, Abraham, verlaat je Land	44
Met de boom des levens	85

韓国語 (Korean)

우리의 이웃은	108

ショナ語 (Shona)

Hakuna wakaita sa Jesu	139

ズールー語 (Zulu)

Siyahamb' ekukhanyen' kwenkhos'	133

スペイン語 (Spanish)

Santo, santo, santo	33

スワヒリ語 (Swahili)

Mfurahini, haleluya	91

ドイツ語 (German)

Brich mit den Hungrigen dein Brot	128
Damit aus Fremden Freunde werden	122
Der Mond ist aufgegangen	98
Komm, heiliger Geist	96
O du fröliche	70
Stille Nacht, heilige Nacht!	74
Wenn einer sagt: Ich mag dich	132

Wir pflügen und wir streuen	103
Wir sagen euch an den lieben Advent	65

ネパール語 (Nepali)
कसले बनायो	111

パイワン語 (Paiwan)
Mali mali ti Yisusama	138

ヒューロン語 (Huron)
Estennialon de tsonue Jesus ahatonnia	71

フィンランド語 (Finnish)
Hoosianna, Daavidin Poika	82

フランス語 (French)
Les anges dans nos campagnes	73
Ô Dieu du clémens	64

ポルトガル語 (Portuguese)
Eu vou chegar bem de mansinho para entrar na Casa do Senhor	107
Se o Espírito de Deus se move em mim	13

ラテン語 (Latin)
Gloria, Gloria	28
Gloria, Gloria, Gloria	26
Laudate omnes gentes	32
Surrexit Christus hodie	89
Surrexit Dominus vere	90

● 曲名（Thune name）索引 ●

ABRAHAM, ABRAHAM	44
AGAPE	21
AI	129
AKATSUKI	97
ALL SAINTS	2
ANNUNCIATION	50
ANTIOCH	76
ASAKAZE	1
AUS DER TIEFE RUFE ICH	80
BIRTHDAY	116
BONNER	8
BRICH MIT DEN HUNGRIGEN DEIN BROT	128
CALYPSO	19
CALYPSO CAROL	68
CHEREPONI	125
CHILDHOOD	61
CHRISTIAN HOME	118
CONVERSE	130
CRADLE SONG	69
DAMIT AUS FREMDEN FREUNDE WERDEN	122
DER MOND IST AUFGEGANGEN	98
DONNANI CHIISAI	58
EASTER HYMN	89
ENDSLEIGH	55
GARIRAYA NO KAZE	54
GENEVAN 150	41
GLORIA	73
GLORIA III	28
GLORIA PATRI ET FILIO	26
GREENSLEEVES	99

HAKUNA WAKAITA SA JESU	139	MEU LOUVOR	107
HALLELUJA	30-1	MFURAHINI, HALELUYA	91
HAPPY HEARTS	3	NICAEA	12
HEINLEIN	80	OFFERING RESPONSE	24-1
HINE MA TOV	39	OLD 100TH	25
HITORIGO	49	PROMISE	135
HOSIANNA	82	REI DAVI	13
HOUSTON	121	ROEDER	113
IBARA	83	SALVATORI	55
INNOCENTS	2	SAMUEL	47
IRIS	73	SANTO	33
ISRAELI FOLK MELODY	38	SHU NO MIKATE	136
JACOB'S LADDER	45	SICILIAN MARINERS	70
JESOUS AHATONHIA	71	SINCLAIR	30-2
JESUS LOVES ME	124	SIYAHAMBA	133
JESUS PRESENT	16	SMALL THINGS	59
KAMISAMA NO AI	40	ST. BRENDAN'S	95
KANSHA	137	STILLE NACHT	74
KINDERMUTMACHLIED	132	SURREXIT DOMINUS VERE	90
KINGSFOLD	23	SUTTER	85
KREMSER	4	SWISS NOEL	64
KRISTIN	20	THE FIRST NOWELL	72
KUM BA YAH	31	TOOTING	14
KYRIE ELEISON	27	TULLAR	119
LAND OF REST	22	UNE JEUNE PUCELLE	71
LAUDATE OMNES GENTES	32	URIE IUSSON	108
LLANFAIR	92	WE SHALL OVERCOME	134
LORD OF THE DANCE	81	WHAT A FRIEND	130
MABUNE	79	WINCHESTER OLD	67
MAGNIFICAT(Taizé)	42	WIR PFLÜGEN	103
MAGOKORO	24-3	WIR SAGEN EUCH AN DEN LIEBEN ADVENT	65
MALI MALI TI YISUSAMA	138	YASASHII ME	114
MENDELSSOHN	75		
MERLE'S TUNE	43		

● 作詞者作曲者索引 ●

Abe, Seigi	79
Arnold, John	89
Atwood, A.	35
Bailey, E.Rawdon	8
Barnard, Wilhelmus	85
Barth, Friedrich K.	128
Befu, Nobuo	54
Berthier, Jacques	26, 28, 32, 42, 90
Bradbury, William B.	124, 127
Bray, Jillian	59
Brébeuf, Jean de	71
Brooke, Stopford A.	61
Burg, Willem ter	44
Candeau, Jacques	64
Carter, Sydney	81
Chung, Woong-Sup	108
Claudius, Matthias	98, 103
Colvin, Tom	125
Converse, Charles C.	130
Cory, Julia B.	4
Crosby, Fanny	123
Davies, Henry W.	61
Doddridge, Philip	76
Duba, Arlo D.	38
Dykes, John B.	12
Ebert, Andreas	132
Edwards, Rusty	50
Ellerton, John	2
Falk, Johannes D.	70
Ferretti, Salvatore	55
Ferschl, Maria	65
Fröhlich, T.	9
Fukazawa, Akiko	114
Fukuda, Noriyuki	56, 93
Fukuda, Wakako	62
Futamata, Matsushiro	93, 126
Fyke, C. A.	3
Gibson, Colin	14
Grindal, Gracia	50
Gruber, Franz	74
Hanabusa, Sen'ichi	104, 126, 137
Händel, Georg F.	76
Harris, A. E.	24-1
Hatanaka, Takao	112
Heber, Reginald	12
Herbst, Martin	80
Hirose, Ryohei	58
Holzschuher, Heinrich	70
Honda, Seiichi	120
Hopson. Hal H.	43
Ii Seiko	112
Imahashi, Akira	88
Imai, Yoshiko	9
Ishii, Naoi	118
Ishikawa, Masanobu	29
Isobe, Toshi	109
Jabusch, Willard F.	38
Janssens, Peter	128
Jolley, F.	53
Kawakami, Jun	94, 102, 115
Ken, Thomas	25
Kim, Soon-Sae	108
Kirkpatrick, William J.	69
Kitamura, Soji	11, 47
Kitano, Yoko	105
Kobayashi, Etsuko	46
Kobayashi, Hikaru	51
Kokai, Motoi	6, 21, 37-2
Komori, Akihiro	87
Koyama, Shozo	49, 88, 114, 118, 137
Kuze, Nozomu	18

Kyamanywa, Bernhard	91		37-2, 136
Lam, Hanna	44	Sakata, Hiroo	15, 109, 117
Lewis, H. K.	10	Sakuma, Takeshi	40, 63
Lyra Davidica	89	Schalk, Carl F.	113
Maita, Shoko	54	Scholtes, Peter	95
Mann, Robin	20	Schulz, Johann A. P.	98, 103
Maraire, Abraham D.	30-1	Schweizer, Rolf	122
Matsubara, Yoko	7	Scriven, Joseph	130
Matsuda, Koichi	46, 120, 136	Sheehy, Cecily	16
Matthews, Henry E.	35	Shimon, Masato	101
May, William A.	24-1	Shiota, Hisashi	140
Mendelssohn, Felix	75	Shiota, Izumi	34
Mendes, Roberto	107	Sinclair, Jerry	30-2
Midlane, Albert	55	Sleeth, Natalie	135
Mishima, Toru	116	Smyttan, George H.	80
Mohr, Josef	74	Soma, Keisuke	53
Momoi, Ayako	83	Sueyoshi, Yasuo	57
Morino, Makiko	48	Suga, Chiyo	58
Müller, H. von	10	Sutter, Ignace de	85
Murray, Shirley	59	Takada, Sahomi	11
Nakada, Ugo	5, 110	Takaesu, Yoshihiro	84
Nakamura, Yoshiki	140	Takahashi, Junko	129
Nederlandtsch Gedenckclanck, 1626		Takahashi, Manzaburo	87, 101
	4	Takahashi, Nobuko	18
New Christmas Carols, 1642	99	Takahashi, Ushio	106
Nishihara, Satoru	36	Takanami, Shin'ichi	105, 129
Nishikawa, Kazuko	48	Tanaka, Nozomi	17, 52, 57
Nojiri, Sakae	86	Tate, Nahum	67
Okamoto, Toshiaki	56	Terashima, Naohiko	117
Okonek, Klaus	96	*The Parish Choir*, 1850	2
Onaka, Megumi	15	The Student of Maita Church CS	
Onji, Yoshito	131		84
Otomo. Junko	37-1	*The Whole Booke of Psalmes*, 1592	
Perry, Michael	43, 68		67
Raile, Joe	96	Thomerson, Kathleen	121
Riggs, K. D.	97	Tomioka, Masao	60, 104, 116
Rohr, Heinrich	65	Tomioka, Nui	116
Saeki, Yukio	6, 21, 37-1,	Torii, Chugoro	78

Tsugawa, Shuichi	5		岡本敏明	56
Tsukamoto, Mitsuko	17		生地善人	131
Tsushima, Mieko	62		ガーナ民謡	125
Tullar, Grant C.	119		川上盾	94, 102, 115
Vajda, Jaroslav J.	113		北野陽子	105
Vogler, Georg J.	82		北村宗次	11, 47
Warner, Anna B.	124		キム・スンセ	108
Wesley, Charles	75, 92		久世望	18
Weston, R. J.	97		小海基	6, 21, 37-2
Williams, Robert	92		小林悦子	46
Wilson, Lanta	3		小林光	51
Yamada, Kenji	86		小森昭宏	87
Yamada, Tadahiro	60		小山章三	49, 88, 114, 118, 137
Yamamoto, Naozumi	100			
Yamamoto, Tomio	47, 83		佐伯幸雄	6, 21, 37-1, 37-2, 136
Yamauchi, Shozo	100			
Yanagi, Taeko	66		阪田寛夫	15, 109, 117
Yuki, Ko	49, 77, 79		佐久間彪	40, 63
			讃美歌委員会	1, 22, 23, 39
アフリカ民謡	31		シェーカーの旋律	81
アフリカン・アメリカン・スピリチュアル	31, 134		塩田泉	34
			塩田尚史	140
安部正義	79		シチリア民謡	70
アメリカ民謡	22		子門真人	101
アルゼンチンの旋律	33		ジュネーヴ詩編歌	25, 41
飯靖子	112		主の祈り	19
イギリス・キャロル	45, 72		ジンバブエの賛美歌	139
イギリス伝統旋律	23		スイス民謡	64
イギリス民謡	45, 99		末吉保雄	57
石川正信	29		菅千代	58
石田直矣	118		相馬恵助	53
イスラエル民謡	38, 39		台湾・パイワン族の歌	138
磯部俶	109		高江洲義寛	84
今井義子	9		高田早穂見	11
今橋朗	88		高浪晋一	105, 129
ウクライナ民謡	27		高橋潮	106
大友純子	37-1		高橋順子	129
大中恩	15		高橋信子	18

高橋萬三郎	87, 101		松田孝一	46, 120, 136
田中のぞみ	17, 52, 57		松原葉子	7
タンザニア民謡	91		三島徹	116
チョン・ウンソム	108		南アフリカの賛美歌	133
塚本光子	17		桃井綾子	83
津川主一	5		森野真喜子	48
対馬美恵子	62		柳多恵子	66
テゼ共同体	26, 28, 32, 90		山内捷三	100
			山田健二	86
寺島尚彦	117		山田忠博	60
ドイツ民謡	77		山元富雄	47, 83
冨岡ぬい	116		山本直純	100
冨岡正男	60, 104, 116		由木康	49, 77, 79
鳥居忠五郎	78		ユダヤの旋律	96
中田羽後	5, 110		ラテン語キャロル	89
中村吉基	140			
西インド諸島カリプソ	19			
西川和子	48			
西原悟	36			
『日曜学校讃美歌』(1949)	24-2			
ネパールの賛美歌	111			
野尻栄	86			
畑中隆男	112			
花房泉一	104, 126, 137			
広瀬量平	58			
フィンランドの賛美歌集	82			
深沢秋子	114			
福田憲之	56, 93			
福田和禾子	62			
二俣松四郎	93, 126			
ブラジルのこどもさんびか	13			
フランス・キャロル	73			
フランス民謡	71			
別府信男	54			
ボヘミア民謡	52			
本田清一	120			
蒔田教会教会学校生徒	84			
蒔田尚昊	54			

●『こどもさんびか改訂版』便利リスト●

『こどもさんびか改訂版CD』(前編・後編)
　　・『こどもさんびか改訂版』を全曲収録
　　・1節は歌集の楽譜の通りにメロディを歌唱

『みんなで歌おう　こどもさんびか改訂版ガイド』
　　・礼拝での用い方やお祈りの例
　　・各賛美歌のギターコード
　　・語句索引、聖句索引

『みんなで礼拝 アイディア集 「こどもさんびか改訂版」を用いて』
　　・教会暦・行事暦ごとの礼拝案
　　・礼拝の各要素の解説と祈り例、選曲例

『手話で歌おう！　こどもさんびか改訂版』
『手話で歌おう！　教会の祭りと行事』
『手話で歌おう！　おとなもこどもも一緒にさんび』
　　・聞こえない人とともに賛美する時に

『石橋えり子カット集　教会とこどもの四季…いつもイエスさまといっしょ…』
　　・『こどもさんびか改訂版』の全カット
　　・全カットのモノクロデータ、カラーデータ収録のCD-ROM付き

『讃美歌21による礼拝用オルガン曲集』1~6巻
　　・本書130頁の番号対照表を用いて奏楽曲を選曲可能
　　・前奏、後奏だけでなく、伴奏として使用できる曲も収録

●執筆者・関係者一覧●

執筆者（役職等は2015年5月現在）

今橋　朗……元日本基督教団讃美歌委員会委員長、2014年1月没。(AI)

小栗　献……日本基督教団神戸聖愛教会牧師、日本基督教団讃美歌委員、『礼拝と音楽』編集委員長。(KO)

川端純四郎　元日本基督教団讃美歌委員、元『礼拝と音楽』編集委員長、2013年5月没。(JK)

佐伯幸雄……元日本基督教団讃美歌委員。(YS)

柴田　愛……日本キリスト教団出版局『礼拝と音楽』編集実務。(AS)

志村拓生……オルガニスト、日本基督教団讃美歌委員。(TS)

高浪晋一……日本賛美歌学会会長、日本基督教団讃美歌委員。(ST)

原　恵………元日本基督教団讃美歌委員、2009年7月没。(MH)

塚本潤一…日本基督教団芦屋浜教会牧師、日本基督教団讃美歌委員。(JT)

松本敏之……日本基督教団鹿児島鍛治屋町教会牧師。(TM)

水野隆一…関西学院大学神学部教授、日本基督教団讃美歌委員会委員長。(RM)

横坂康彦……新潟大学教育人間科学部教授（音楽学）、元日本基督教団讃美歌委員。(YY)

編集

『こどもさんびか改訂版略解』編集小委員会（飯　靖子、高浪晋一、塚本潤一）

ご協力くださった方々

石川正信、大中　恩、生地善人、川上　盾、川端英子、北野陽子、北村宗次、久世　望、河本めぐみ、小林悦子、小林　光、佐伯幸雄、佐々木純子、猿田潤子、塩田　泉、塩田尚史、末吉保雄、高江洲義寛、高田早穂見、高橋信子、田中　望、中村吉基、野尻　雄、畑中隆男、原ゆり子、二俣松四郎、古谷正仁、松原葉子、森野信生、宮﨑　光、柳多恵子、吉岡　望
Colin Gibson, Klaus Okonek, Hans-Joachim Raile, John Thornley(New Zealand Hymnbook Trust)

『こどもさんびか改訂版』編集関係者

検討小委員会

佐伯幸雄、飯　靖子、今橋　朗、川端純四郎、小海　基、高浪晋一、古屋博規、横坂康彦

校閲

園木公謹、末吉保雄

編集実務

本村利春、小宮郁子、長谷川昌代（2002年4月まで）、岩田かおり

こどもさんびか改訂版略解

2015 年 5 月 27 日　初版発行　© 日本基督教団讃美歌委員会 2015

編　者　日本基督教団讃美歌委員会
発　行　日本キリスト教団出版局
〒 169-0051　東京都新宿区西早稲田 2-3-18
電話・営業 03 (3204) 0422、編集 03 (3204) 0425
http://bp-uccj.jp
印刷・製本　河北印刷株式会社

ISBN978-4-8184-0885-2　C1073　日キ販
Printed in Japan